IRONS

1/ INGÉNIEUR-CONSEIL

SCÉNARIO
TRISTAN ROULOT

DESSIN
LUC BRAHY

COULEURS
HUGO FACIO

TROISIÈME VAGUE LOMBARD

Merci à Louis-André Chassé et à Bernard Sudraud pour leur expérience en génie civil, au caporal Dan D'amour de Charlottetown pour les procédures de la Gendarmerie Royale du Canada, ainsi qu'au mystérieux ingénieur en ponts et chaussées, croisé dans un vol Paris-Montréal, et à ses stupéfiantes anecdotes qui m'ont convaincu d'en faire une série.

TRISTAN ROULOT

TROISIÈME VAGUE LOMBARD

SÉRIES

ALPHA
Jigounov / Renard
Jigounov / Mythic
Jigounov
Lamquet / Jigounov

ALPHA PREMIÈRES ARMES
Loutte / Herzet
Queireix / Herzet

ALVIN NORGE
Lamquet

BLACKLINE
Del Vecchio / Loiselet / Queyssi

CAPRICORNE
Andreas

CH CONFIDENTIEL
Ceppi

DEUX HOMMES EN GUERRE
Jef / Desberg / Moniquet

DISTRICT 77
Denys / Dugand

HEDGE FUND
Hénaff / Roulot / Sabbah

IRONS
Brahy / Roulot

I.R.$
Vrancken / Desberg

I.R.$ - ALL WATCHER
Queireix / Desberg
Koller / Desberg
Mutti / Desberg
Bourgne / Desberg

I.R.$ TEAM
Bourgne / Desberg
Koller / Desberg

JAMES HEALER
De Vita / Swolfs

JOHN TIFFANY
Panosian / Desberg

KORALOVSKI
Gauckler

L'AVOCAT
Volante / Galandon / Giroud

MISS OCTOBRE
Queireix / Desberg

NARCOS
Liotti / Herzet / Orville

NIKLOS KODA
Grenson / Dufaux

RAFALES
Vallès / Desberg

SHERMAN
Griffo / Desberg
Magda / Desberg

SISCO
Legrain / Benec

VLAD
Griffo / Swolfs

TROISIÈME VAGUE ONE-SHOT

RÉCITS COMPLETS

BAGDAD INC.
Legrain / Desberg

VÉRTIGO
Bufi / Sergeef

Directeur artistique :
Éric Laurin

Conception graphique :
Rébekah Paulovich

Certifié PEFC
Ce produit est issu de forêts gérées durablement et de sources recyclées et contrôlées.
PEFC 10-31-1800
pefc-france.org

Première édition

D/2018/0086/186
ISBN 978-2-8036-7184-7

Dépôt légal : avril 2018
Imprimé et relié en France par PPO GRAPHIC,
91120 Palaiseau

LES ÉDITIONS DU LOMBARD
7, AVENUE PAUL-HENRI SPAAK
1060 BRUXELLES - BELGIQUE

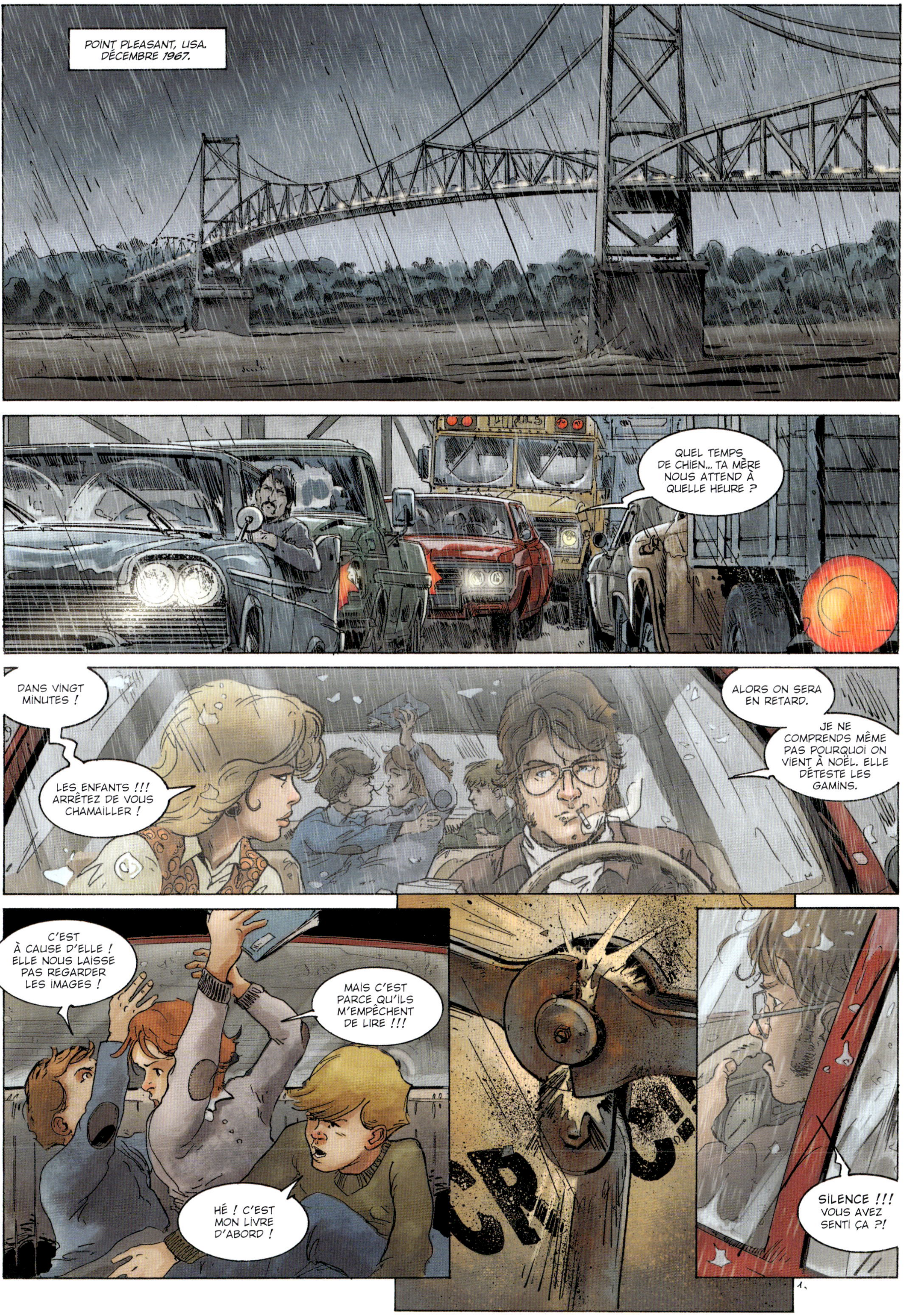
POINT PLEASANT, USA.
DÉCEMBRE 1967.
QUEL TEMPS DE CHIEN... TA MÈRE NOUS ATTEND À QUELLE HEURE ?
DANS VINGT MINUTES !
LES ENFANTS !!! ARRÊTEZ DE VOUS CHAMAILLER !
ALORS ON SERA EN RETARD.
JE NE COMPRENDS MÊME PAS POURQUOI ON VIENT À NOËL. ELLE DÉTESTE LES GAMINS.
C'EST À CAUSE D'ELLE ! ELLE NOUS LAISSE PAS REGARDER LES IMAGES !
MAIS C'EST PARCE QU'ILS M'EMPÊCHENT DE LIRE !!!
HÉ ! C'EST MON LIVRE D'ABORD !
SILENCE !!! VOUS AVEZ SENTI ÇA ?!

CLAC!
CLACK!
AOUTCH ! J'AI DÛ ME CASSER DES CÔTES... TOUT LE MONDE VA BIEN ?!...
NON ! MA CHÉRIE... MA CHÉRIE ! RÉPONDS !
Ô, MON DIEU !!! ELLE SAIGNE...
MOI, ÇA VA, PAPA ! JE ME SUIS JUSTE TAPÉ LA TÊTE CONTRE LE FAUTEUIL DE MAMAN.
AÏE ! MON BRAS ME FAIT SUPER MAL... JE PEUX PLUS LE BOUGER...
PAPA !!! ON COULE !!!

ÉCOUTEZ-MOI TOUS ! ON N'A PAS BEAUCOUP DE TEMPS AVANT QUE L'EAU RENTRE. DÉSHABILLEZ-VOUS ! PULLS ! BLOUSONS ! CHAUSSURES ! ENLEVEZ TOUT !
AÏE... OUILLE... JE PEUX PAS, PAPA... J'AI TROP MAL À MON BRAS, JE CROIS QU'IL EST CASSÉ !
CHÉRI... ELLE NE SE RÉVEILLE PAS !!!
OK... ON NE PEUT PLUS SORTIR PAR LES PORTIÈRES, L'EAU EXERCE TROP DE PRESSION.
JACK ! VIENS LÀ, PASSE SUR MES GENOUX !
AOWWW ! GAFFE, NE M'APPUIE PAS SUR LES CÔTES, BONHOMME ! ON VA ATTENDRE D'ÊTRE STABILISÉS AU FOND DE L'EAU, ET PUIS JE VAIS BAISSER LA VITRE, D'ACCORD ?
UNE FOIS À LA SURFACE, NE LUTTE PAS CONTRE LE COURANT, LAISSE-TOI PORTER JUSQU'À CE QU'IL FAIBLISSE, APRÈS TU REGAGNERAS LA RIVE, C'EST COMPRIS ?
OUI, P'PA !
JE NE SAIS PAS À QUELLE PROFONDEUR ON SE TROUVE. LA REMONTÉE SERA PEUT-ÊTRE LONGUE, MAIS TANT QUE TU GARDERAS TON AIR DANS LES POUMONS, TU POURRAS SURVIVRE !
D'ACCORD, P'PA !
L'EAU VA S'ENGOUFFRER TRÈS VITE, MAIS JE VAIS T'AIDER À SORTIR APRÈS IL FAUDRA QUE TU NAGES DE TOUTES TES FORCES VERS LA SURFACE, PIGÉ ?
ET MOI, CHÉRI ? JE NE SAIS PAS NAGER !!!
ON VA Y ARRIVER, D'ACCORD ?! ON VA TOUS Y ARRIVER !

OK... ON Y VA, JACK. PRENDS UNE GRANDE RESPIRATION...
J'AI PEUR, P'PA !
TU PEUX LE FAIRE ! PRÊT ?

ÎLE DU PRINCE-ÉDOUARD, CANADA. AUJOURD'HUI.
MONSIEUR JACK IRONS ?
C'EST VOUS LE GARS POUR L'AÉROPORT DE MONCTON ?
TAXI
POURQUOI ? VOUS EN VOYEZ UN AUTRE ?
TAXI
welcome
welcome
HOTE
569 9889

JE VOUS PRÉVIENS, ÇA VA FAIRE UNE SACRÉE COURSE. DEUX CENTS DOLLARS, FACILE ! Z'AVEZ PAS DE PROBLÈME AVEC ÇA ?
NON.
ILS ONT FERMÉ L'AÉROPORT DE CHARLOTTETOWN À CAUSE DU BLIZZARD, J'IMAGINE ?
OUI.
HAHA ! SI ON JOUAIT À NI OUI NI NON, VOUS AURIEZ DÉJÀ PERDU DEUX FOIS !
EH, BO-BOY... Z'ÊTES DU GENRE TAISEUX, PAS VRAI ? VOUS FAITES QUOI DANS LA VIE ?
JE SUIS INGÉNIEUR. JE CONSTRUIS DES PONTS.
MA PAROLE, VOUS ÊTES BIEN TOMBÉ ! ON EN A UN BEAU PAR CHEZ NOUS, LE PONT DE LA CONFÉDÉRATION, VOUS CONNAISSEZ ? TREIZE KILOMÈTRES DE LONG, TRENTE MÈTRES AU-DESSUS DES GLACES !
ÇA A PRIS DEUX SIÈCLES POUR QUE LE CANADA TIENNE SA PROMESSE DE NOUS RELIER AU CONTINENT. UNE VRAIE SALOPERIE, SI VOUS VOULEZ MON AVIS !
OONK !
ÇA, C'EST LE VIEUX EBERT QUI FAIT SA TOURNÉE. ON DISAIT QUOI DÉJÀ ?
AH OUAIS, ON VA PASSER DESSUS TOUT À L'HEURE, VOUS ALLEZ COMPRENDRE...
6

BRRR... UN PEU DE CHALEUR !
SALUT, MA BELLE JOE !
SALUT, EB, QU'EST-CE QUI TE FERAIT PLAISIR ?
JE VAIS AVOIR BESOIN D'UN BON CAFÉ. ET TU ME DONNERAS UN SCONE, S'IL TE PLAÎT.
ET ÇA, C'EST POUR TOI !
POURBOIRES MERCI
T'ES BIEN GENTIL ! BIENTÔT FINIE, TA TOURNÉE ?

ENCORE DEUX HEURES. JE FINIS SUR LA DIX, PIS JE REMONTE VERS CHARLOTTE. OSTIE D'TEMPÊTE, ON EST EN AVRIL, CRISSE !
PARAÎT QUE C'EST LE RÉCHAUFFEMENT CLIMATIQUE. T'AS VU LES GLACES QUI PASSENT DANS LE DÉTROIT ? Z'EN ONT JAMAIS VU D'SI GROSSES, QU'Y DISENT !
OUAIS, EN ATTENDANT, C'EST PAS LEUR RÉCHAUFFEMENT QUI VA DÉNEIGER MA ROUTE ! MERCI POUR LE CAFÉ, MA BELLE !
OH BEN, MON TABARNAC !
ELLE EST PASSÉE OÙ, MA MACHINE ?
TAXI
569 9889
69
J'AI PAS TOUJOURS ÉTÉ TAXI, VOUS SAVEZ ?
AVANT J'ÉTAIS PÊCHEUR. PENDANT VINGT ANS ! JUSQU'À CE QU'ILS NOUS FASSENT CE SALE PONT POUR REJOINDRE LE NOUVEAU-BRUNSWICK.
8

DIX ANS DE TRAVAUX, CRISSE ! ÇA A TUÉ TOUS LES HOMARDS, À CAUSE DES TONNES DE SABLE QU'ILS DÉVERSAIENT DANS LA BAIE. ÇA ÉTOUFFAIT LES ŒUFS.
ET MAINTENANT QUE LES PETITS HOMARDS REVIENNENT ENFIN, ILS VEULENT CREUSER À NOUVEAU POUR METTRE DES GROS CÂBLES SOUS-MARINS ! OSTIE DE GANG DE NIAISEUX !
ET JE NE VOUS PARLE PAS DES PILES DE PONT JAMAIS REBOUCHÉES ! ÇA FAIT D'IMMENSES PISCINES BIEN RONDES AU FOND DE L'EAU...
'CAUSE BOYS DON'T CRY...
... LES CRUSTACÉS TOMBENT LÀ-DEDANS ET PEUVENT PLUS EN RESSORTIR : DES PÊCHES FANTÔMES ! IL Y A MÊME DES BRACONNIERS EN BOUTEILLES QUI VONT SE SERVIR ET LES REVENDRE AUX RESTAURANTS, C'EST POUR VOUS DIRE !
MAIS POUR LES VRAIS PÊCHEURS, AVEC UN ÉQUIPAGE ET DES LICENCES, C'EST UNE AUT' CHANSON. ON ÉTAIT CINQUANTE BATEAUX IL Y A VINGT ANS. AUJOURD'HUI, IL EN RESTE PLUS QUE DOUZE, ET LA PLUPART ONT DÛ ÊTRE RECONVERTIS À D'AUTRES TYPES DE PÊCHE.
TAXI
MOI, ÇA FAIT DES ANNÉES QUE J'ESSAIE DE VENDRE LE MIEN, MAIS PERSONNE N'EN VEUT. ALORS JE FAIS LE TAXI POUR LES TOURISTES COMME VOUS...
TAXI
WOH ! VOUS AVEZ ENTENDU ÇA !?! COMME UNE EXPLOSION !!!
9

QU'EST-CE QUE VOUS DITES ?!
AH BEN CIBOIRE, VOUS AVIEZ VOS ÉCOUTEURS ! FALLAIT ME L'DIRE QUE ÇA VOUS INTÉRESSAIT PAS, MES AFFAIRES. J'AURAIS ÉPARGNÉ MA SALIVE, 'STIE !
C'EST QUOI QUI BOUGE COMME ÇA, SIMONAC !?
LA ROUTE EST SUPER WEIRD... ÇA ROULE PAS COMME D'HABITUDE.
ET MAINTENANT, V'LÀ QU'Y A PU DE LUMIÈRES ! TABOUÈRE...
FREINEZ !! ARRÊTEZ-VOUS ! TOUT DE SUITE !!!
LE PONT...
... LE PONT, IL EST PLUS LÀ !...

ON DOIT PAS RESTER ICI, M'SIEUR !
IL FAUT QU'ILS BOUCLENT TOUT DE SUITE L'ACCÈS AU PONT.

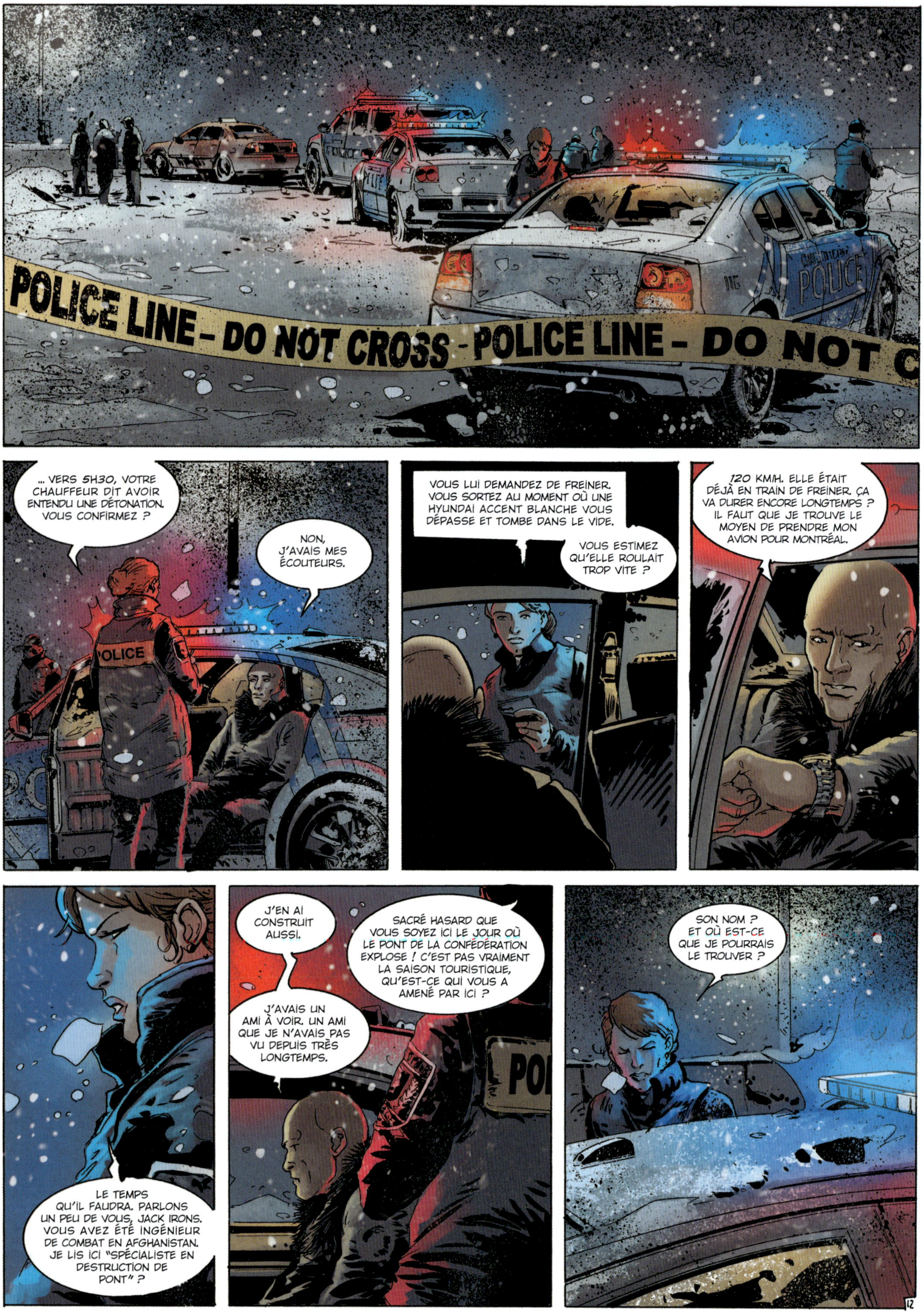
POLICE LINE - DO NOT CROSS - POLICE LINE - DO NOT C
POLICE
... VERS 5H30, VOTRE CHAUFFEUR DIT AVOIR ENTENDU UNE DÉTONATION. VOUS CONFIRMEZ ?
NON, J'AVAIS MES ÉCOUTEURS.
POLICE
VOUS LUI DEMANDEZ DE FREINER. VOUS SORTEZ AU MOMENT OÙ UNE HYUNDAI ACCENT BLANCHE VOUS DÉPASSE ET TOMBE DANS LE VIDE.
VOUS ESTIMEZ QU'ELLE ROULAIT TROP VITE ?
120 KM/H. ELLE ÉTAIT DÉJÀ EN TRAIN DE FREINER. ÇA VA DURER ENCORE LONGTEMPS ? IL FAUT QUE JE TROUVE LE MOYEN DE PRENDRE MON AVION POUR MONTRÉAL.
LE TEMPS QU'IL FAUDRA. PARLONS UN PEU DE VOUS, JACK IRONS. VOUS AVEZ ÉTÉ INGÉNIEUR DE COMBAT EN AFGHANISTAN. JE LIS ICI "SPÉCIALISTE EN DESTRUCTION DE PONT" ?
J'EN AI CONSTRUIT AUSSI.
SACRÉ HASARD QUE VOUS SOYEZ ICI LE JOUR OÙ LE PONT DE LA CONFÉDÉRATION EXPLOSE ! C'EST PAS VRAIMENT LA SAISON TOURISTIQUE, QU'EST-CE QUI VOUS A AMENÉ PAR ICI ?
J'AVAIS UN AMI À VOIR. UN AMI QUE JE N'AVAIS PAS VU DEPUIS TRÈS LONGTEMPS.
SON NOM ? ET OÙ EST-CE QUE JE POURRAIS LE TROUVER ?
12

HAFARD, DAVID. VOUS LE TROUVEREZ AU CIMETIÈRE. C'EST JUSTEMENT LUI QUI A SUPERVISÉ LE PONT.
ENCORE UN SACRÉ HASARD... PUISQUE C'EST VOTRE BOULOT, PENSEZ-VOUS QU'UN ACTE CRIMINEL, COMME UNE BOMBE, AURAIT PU CAUSER LA CHUTE DU PONT ?
VOULEZ-VOUS M'ENGAGER ?
CHARLOTTETOWN POLICE
CE N'EST PAS CE QUE JE VOULAIS DIRE. J'AIMERAIS SEULEMENT SAVOIR...
VOUS ME DEMANDEZ DE PARTAGER MON EXPERTISE. MON TARIF EST DE MILLE DOLLARS DE L'HEURE. JE VAIS AVOIR BESOIN DE TROIS JOURS SUR PLACE, PLUS LE TEMPS D'ÉTUDIER LES RÉSULTATS DES ANALYSES, COMPTEZ UN MINIMUM DE TRENTE MILLE DOLLARS.
JE REPOSE DONC MA QUESTION. VOULEZ-VOUS M'ENGAGER ?
JE DOUTE QUE NOS SERVICES PUISSENT OFFRIR CE MONTANT. MAIS PUISQUE VOUS NE ME LE DEMANDEZ PAS, JE VAIS VOUS LE DIRE QUAND MÊME : ON A IDENTIFIÉ LA VOITURE GRÂCE AUX CAMÉRAS DU PONT.
ELLE APPARTENAIT À UN JEUNE COUPLE. LUI N'AVAIT MÊME PAS VINGT ANS. LA GLACE A CÉDÉ, LA VOITURE EST À TRENTE MÈTRES DE FOND. IL FAUDRA DES JOURS POUR LA REMONTER.
EN EFFET, JE NE VOUS LE DEMANDAIS PAS. SUIS-JE SUSPECT ?
NON, MAIS J'AVAIS ESPÉRÉ QUE RENDRE JUSTICE AUX VICTIMES SERAIT UN MOTIF SUFFISANT POUR OBTENIR VOTRE AIDE.
MAJOR ! ON A RETROUVÉ LE CHASSE-NEIGE D'EBERT !
LA JUSTICE NE M'INTÉRESSE PAS. SUIS-JE LIBRE DE PARTIR ?
POLICE
13

REGARDEZ ÇA... DES PROS ! ÇA NE LEUR A MÊME PAS PRIS DEUX MINUTES !
JACK IRONS ! VOUS POUVEZ Y ALLER.
POUR VOTRE AVION, C'EST RATÉ, M'SIEUR. JE VOUS RAMÈNE À L'HÔTEL ?
TAXI

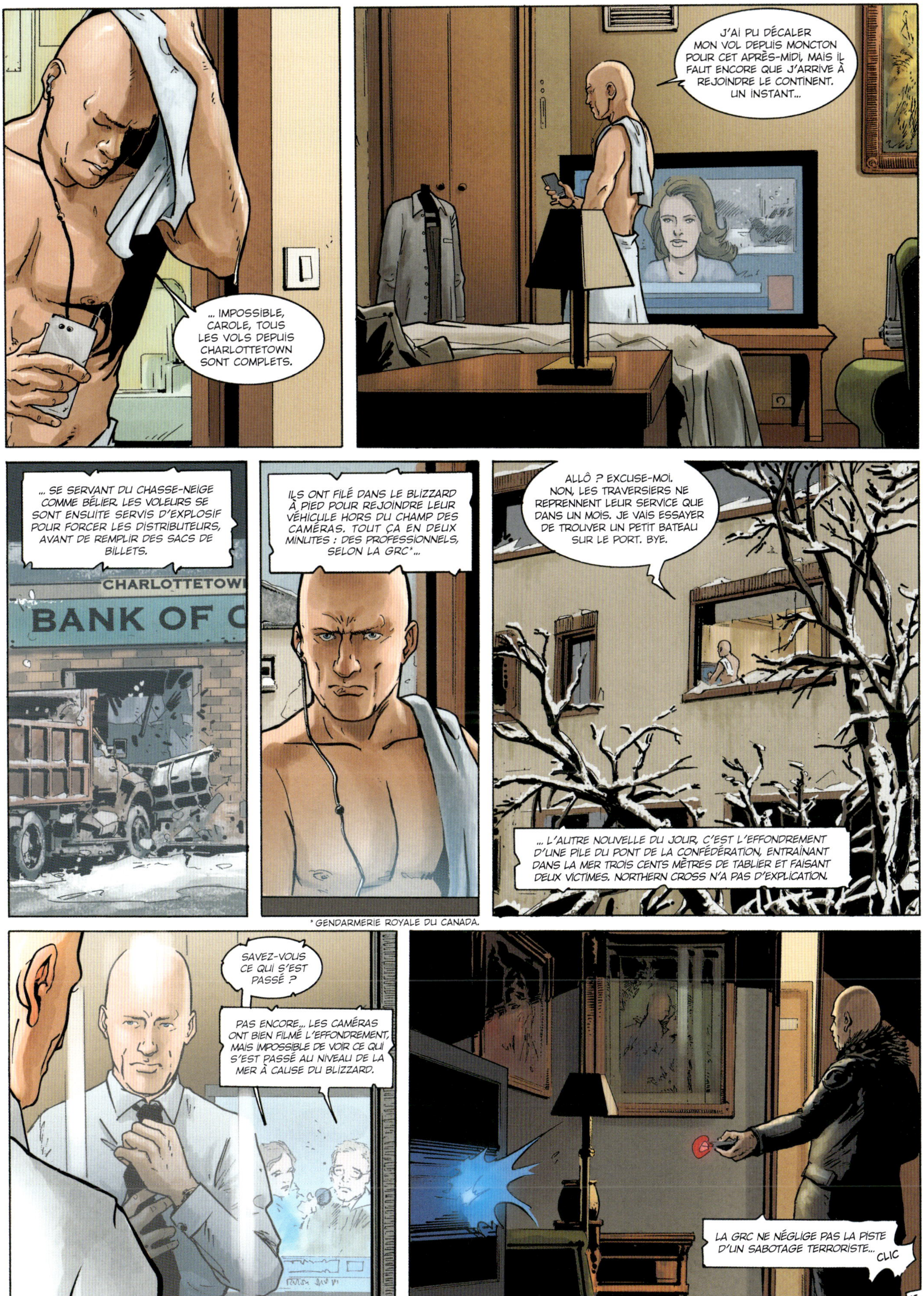
... IMPOSSIBLE, CAROLE, TOUS LES VOLS DEPUIS CHARLOTTETOWN SONT COMPLETS.
J'AI PU DÉCALER MON VOL DEPUIS MONCTON POUR CET APRÈS-MIDI, MAIS IL FAUT ENCORE QUE J'ARRIVE À REJOINDRE LE CONTINENT. UN INSTANT...
... SE SERVANT DU CHASSE-NEIGE COMME BÉLIER, LES VOLEURS SE SONT ENSUITE SERVIS D'EXPLOSIF POUR FORCER LES DISTRIBUTEURS, AVANT DE REMPLIR DES SACS DE BILLETS.
CHARLOTTETOWN
BANK OF C
ILS ONT FILÉ DANS LE BLIZZARD À PIED POUR REJOINDRE LEUR VÉHICULE HORS DU CHAMP DES CAMÉRAS. TOUT ÇA EN DEUX MINUTES : DES PROFESSIONNELS, SELON LA GRC*...
ALLÔ ? EXCUSE-MOI. NON, LES TRAVERSIERS NE REPRENNENT LEUR SERVICE QUE DANS UN MOIS. JE VAIS ESSAYER DE TROUVER UN PETIT BATEAU SUR LE PORT. BYE.
... L'AUTRE NOUVELLE DU JOUR, C'EST L'EFFONDREMENT D'UNE PILE DU PONT DE LA CONFÉDÉRATION, ENTRAÎNANT DANS LA MER TROIS CENTS MÈTRES DE TABLIER ET FAISANT DEUX VICTIMES. NORTHERN CROSS N'A PAS D'EXPLICATION.
*GENDARMERIE ROYALE DU CANADA.
SAVEZ-VOUS CE QUI S'EST PASSÉ ?
PAS ENCORE... LES CAMÉRAS ONT BIEN FILMÉ L'EFFONDREMENT, MAIS IMPOSSIBLE DE VOIR CE QUI S'EST PASSÉ AU NIVEAU DE LA MER À CAUSE DU BLIZZARD.
LA GRC NE NÉGLIGE PAS LA PISTE D'UN SABOTAGE TERRORISTE...
CLIC
15

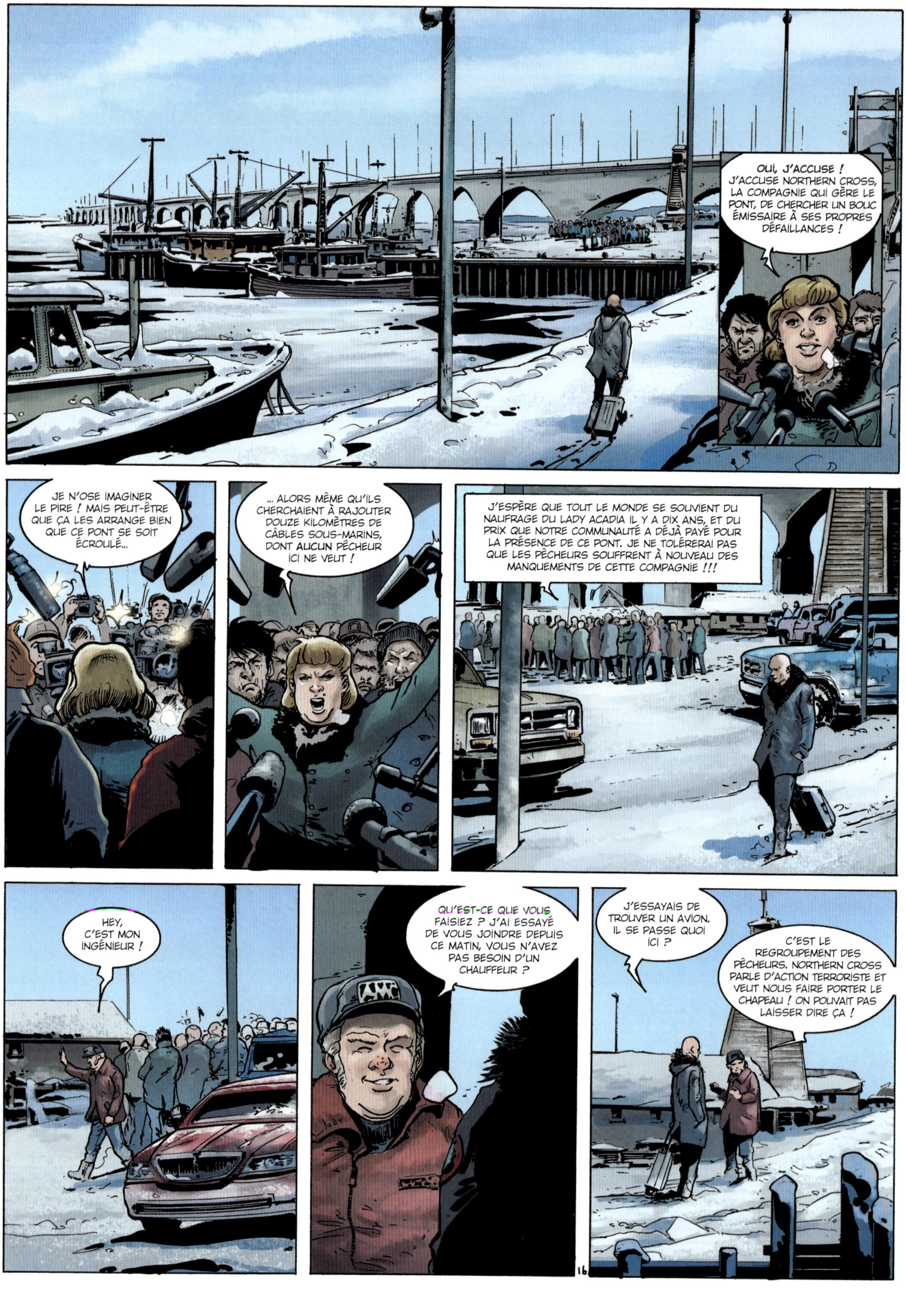
OUI, J'ACCUSE ! J'ACCUSE NORTHERN CROSS, LA COMPAGNIE QUI GÈRE LE PONT, DE CHERCHER UN BOUC ÉMISSAIRE À SES PROPRES DÉFAILLANCES !
JE N'OSE IMAGINER LE PIRE ! MAIS PEUT-ÊTRE QUE ÇA LES ARRANGE BIEN QUE CE PONT SE SOIT ÉCROULÉ...
... ALORS MÊME QU'ILS CHERCHAIENT À RAJOUTER DOUZE KILOMÈTRES DE CÂBLES SOUS-MARINS, DONT AUCUN PÊCHEUR ICI NE VEUT !
J'ESPÈRE QUE TOUT LE MONDE SE SOUVIENT DU NAUFRAGE DU LADY ACADIA IL Y A DIX ANS, ET DU PRIX QUE NOTRE COMMUNAUTÉ A DÉJÀ PAYÉ POUR LA PRÉSENCE DE CE PONT. JE NE TOLÉRERAI PAS QUE LES PÊCHEURS SOUFFRENT À NOUVEAU DES MANQUEMENTS DE CETTE COMPAGNIE !!!
HEY, C'EST MON INGÉNIEUR !
QU'EST-CE QUE VOUS FAISIEZ ? J'AI ESSAYÉ DE VOUS JOINDRE DEPUIS CE MATIN, VOUS N'AVEZ PAS BESOIN D'UN CHAUFFEUR ?
J'ESSAYAIS DE TROUVER UN AVION. IL SE PASSE QUOI ICI ?
C'EST LE REGROUPEMENT DES PÊCHEURS. NORTHERN CROSS PARLE D'ACTION TERRORISTE ET VEUT NOUS FAIRE PORTER LE CHAPEAU ! ON POUVAIT PAS LAISSER DIRE ÇA !

* FLQ : LE FRONT DE LIBÉRATION DU QUÉBEC.

EXACT ! JE L'AI REMIS À L'EAU LA SEMAINE DERNIÈRE.
VOUS VOULIEZ ÊTRE MON CHAUFFEUR ? PRENEZ-MOI À BORD ET EMMENEZ-MOI DE L'AUTRE CÔTÉ DU DÉTROIT !
VOUS RIGOLEZ ?! AVEC LES ICEBERGS QUI PASSENT, C'EST D'LA FOLIE ! VOUS VOULEZ PAS ATTENDRE QUELQUES JOURS ? IL PARAÎT QU'ILS VONT AMENER UN TRAVERSIER DEPUIS LA NOUVELLE-ÉCOSSE.
JE DOIS ÊTRE À MONTRÉAL DEMAIN POUR AFFAIRES. DONNEZ-MOI VOTRE PRIX !
POUR UNE COURSE COMME ÇA, VU LE TEMPS ET LE DANGER... C'EST QUE J'AI PAS UN BRISE-GLACE, MOI...
COMBIEN ? VOTRE PRIX !
DEUX MILLE DOLLARS ?
OK. ON Y VA.
MINCE ! JE SAVAIS QUE J'AURAIS DÛ VOUS DIRE PLUS...

C'EST DE LA FOLIE... J'AURAIS JAMAIS DÛ ACCEPTER !
ATTENTION ! À DROITE !!!
CRACK
PAS DE CASSE ?
J'EN SAIS RIEN, MOI ! JE SUIS DÉSOLÉ, MONSIEUR, MAIS ON VA DEVOIR RENTRER...
UN PATROUILLEUR COMME CELUI DE LA GRC AURAIT PEUT-ÊTRE SES CHANCES, MAIS MOI, JE VEUX PAS FINIR COMME LE TITANIC !
PARFAIT. LAISSEZ-VOUS DÉRIVER VERS LE PONT.
JE NE SUIS PAS SÛR D'AVOIR TROP LE DROIT...
MILLE DOLLARS DE PLUS, SI VOUS TROUVEZ UNE BONNE EXCUSE.
19.

DÉSOLÉ, VOUS N'AVEZ PAS LE DROIT D'ÊTRE ICI.
C'EST MON MOTEUR QU'ARRÊTE PAS DE CALER, ÇA DOIT ÊTRE LE FROID... ET J'AI MON CLIENT QUI DOIT SE RENDRE DE L'AUTRE CÔTÉ DU DÉTROIT...
ON A DÉJÀ EU UN TAS DE JOURNALISTES QUI ONT TENTÉ LE COUP DEPUIS CE MATIN. ALORS DÉGAGEZ, OU JE VOUS COLLE UNE AMENDE.
LAISSEZ, BUNEL !
JE NE M'ATTENDAIS PAS À VOUS REVOIR SI VITE, IRONS !
LES COFFRAGES EN ACIER QUI ONT SERVI À COULER LE BÉTON...
... POURQUOI N'ONT-ILS PAS ÉTÉ RETIRÉS SUR LES BOUCLIERS BRISE-GLACE ?
UNE ERREUR. ILS ÉTAIENT CENSÉS OFFRIR UNE PROTECTION SUPPLÉMENTAIRE CONTRE LA GLACE. MAIS ILS ONT ROUILLÉ À TOUTE VITESSE ET EMPÊCHENT LES INSPECTIONS, ALORS ON LES RETIRE PETIT À PETIT.
PUISQUE JE VOIS QUE ÇA VOUS INTÉRESSE, LES EXPERTS DE LA COMPAGNIE DU PONT ONT RETROUVÉ DES TRACES DE KÉROSÈNE DANS CERTAINES FISSURES. IL S'AGIRAIT BIEN D'UNE EXPLOSION.
CE PONT DÉRANGEAIT PAS MAL DE MONDE. LES PÊCHEURS BIEN SÛR, MAIS AUSSI LES VIEUX HABITANTS QUI AURAIENT PRÉFÉRÉ RESTER INSULAIRES. L'UN D'EUX AURA FINI PAR PASSER À L'ACTION.
STUPIDE ! IL FAUDRAIT BIEN PLUS QUE DE L'ESSENCE POUR ATTAQUER CE GENRE DE BÉTON.
OUI, C'EST N'IMPORTE QUOI !
EN TOUT CAS, C'EST CE QUE DISENT LES EXPERTS LÀ-HAUT. ET JE NE SUIS PAS ASSEZ CALÉE POUR REMETTRE EN DOUTE LEUR ANALYSE.
JE VAIS VOUS DEMANDER DE FILER. LE GRUTIER VA BIENTÔT LANCER LES CÂBLES.
20

OUF, C'EST BON ! LE MOTEUR EST REPARTI !
ATTENDEZ !
JE VOUS PROPOSE UN MARCHÉ. JE VAIS PLONGER VOIR LES DÉBRIS ET JE VOUS FERAI PART DE MES CONCLUSIONS GRATUITEMENT.
C'EST UN CIVIL, ON NE PEUT...
ET EN ÉCHANGE ?
EN ÉCHANGE, VOUS ME FAITES TRAVERSER LE DÉTROIT À BORD DE VOTRE PATROUILLEUR.
DONNEZ-LUI UNE COMBINAISON SÈCHE !
À VOUS DE JOUER, MONSIEUR L'INGÉNIEUR !
21

06°
23.4m
4.37

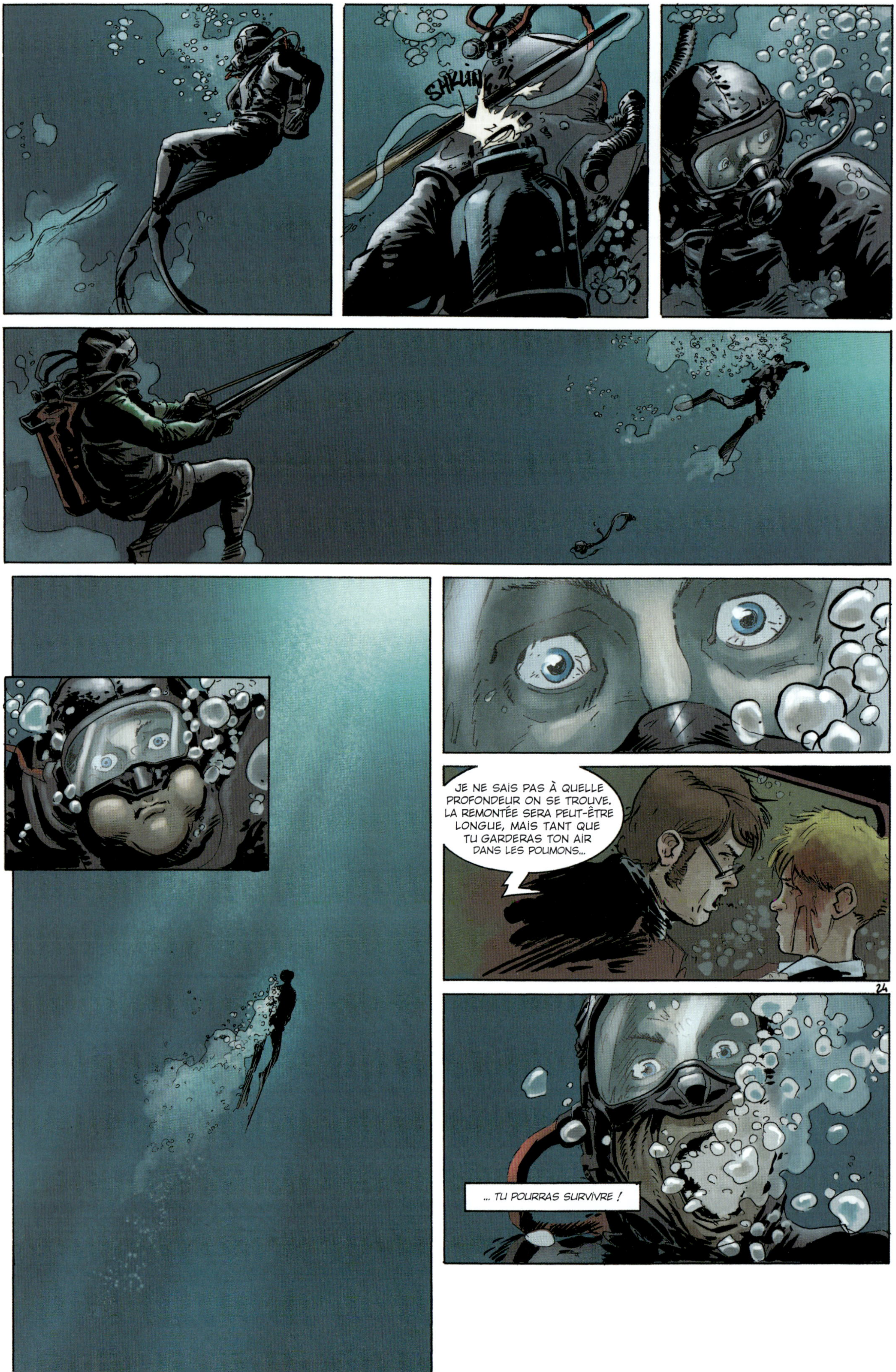
SHKUN
JE NE SAIS PAS À QUELLE PROFONDEUR ON SE TROUVE. LA REMONTÉE SERA PEUT-ÊTRE LONGUE, MAIS TANT QUE TU GARDERAS TON AIR DANS LES POUMONS...
... TU POURRAS SURVIVRE !

QU'EST-CE QUI SE PASSE ?! DITES-MOI CE QUI S'EST PASSÉ !
APPELEZ L'HÉLICO ! IL FAUT L'EMMENER À CHARLOTTETOWN, VITE !!!
POLICE

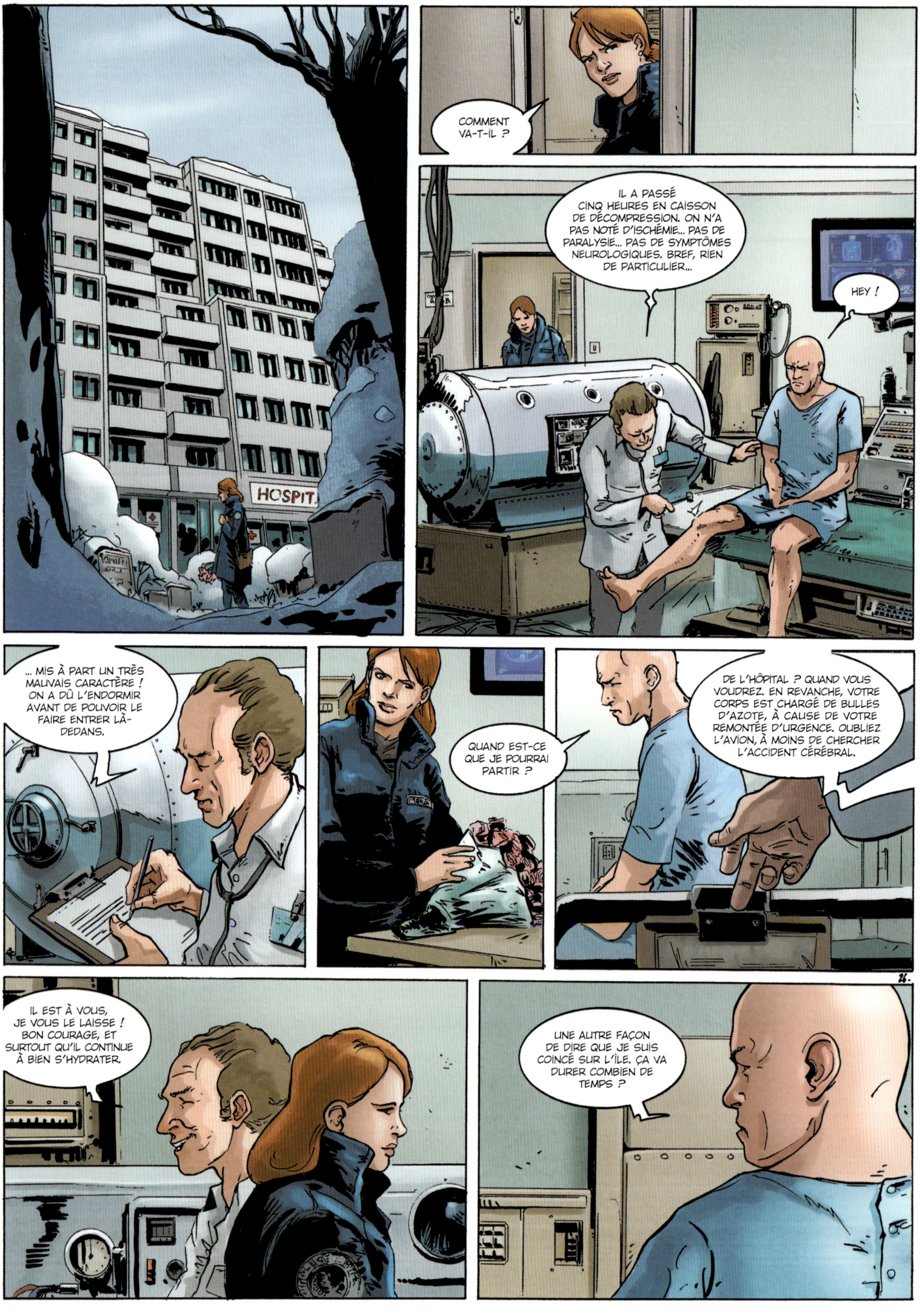
HOSPIT
COMMENT VA-T-IL ?
IL A PASSÉ CINQ HEURES EN CAISSON DE DÉCOMPRESSION. ON N'A PAS NOTÉ D'ISCHÉMIE... PAS DE PARALYSIE... PAS DE SYMPTÔMES NEUROLOGIQUES. BREF, RIEN DE PARTICULIER...
HEY !
... MIS À PART UN TRÈS MAUVAIS CARACTÈRE ! ON A DÛ L'ENDORMIR AVANT DE POUVOIR LE FAIRE ENTRER LÀ-DEDANS.
QUAND EST-CE QUE JE POURRAI PARTIR ?
DE L'HÔPITAL ? QUAND VOUS VOUDREZ. EN REVANCHE, VOTRE CORPS EST CHARGÉ DE BULLES D'AZOTE, À CAUSE DE VOTRE REMONTÉE D'URGENCE. OUBLIEZ L'AVION, À MOINS DE CHERCHER L'ACCIDENT CÉRÉBRAL.
IL EST À VOUS, JE VOUS LE LAISSE ! BON COURAGE, ET SURTOUT QU'IL CONTINUE À BIEN S'HYDRATER.
UNE AUTRE FAÇON DE DIRE QUE JE SUIS COINCÉ SUR L'ÎLE. ÇA VA DURER COMBIEN DE TEMPS ?

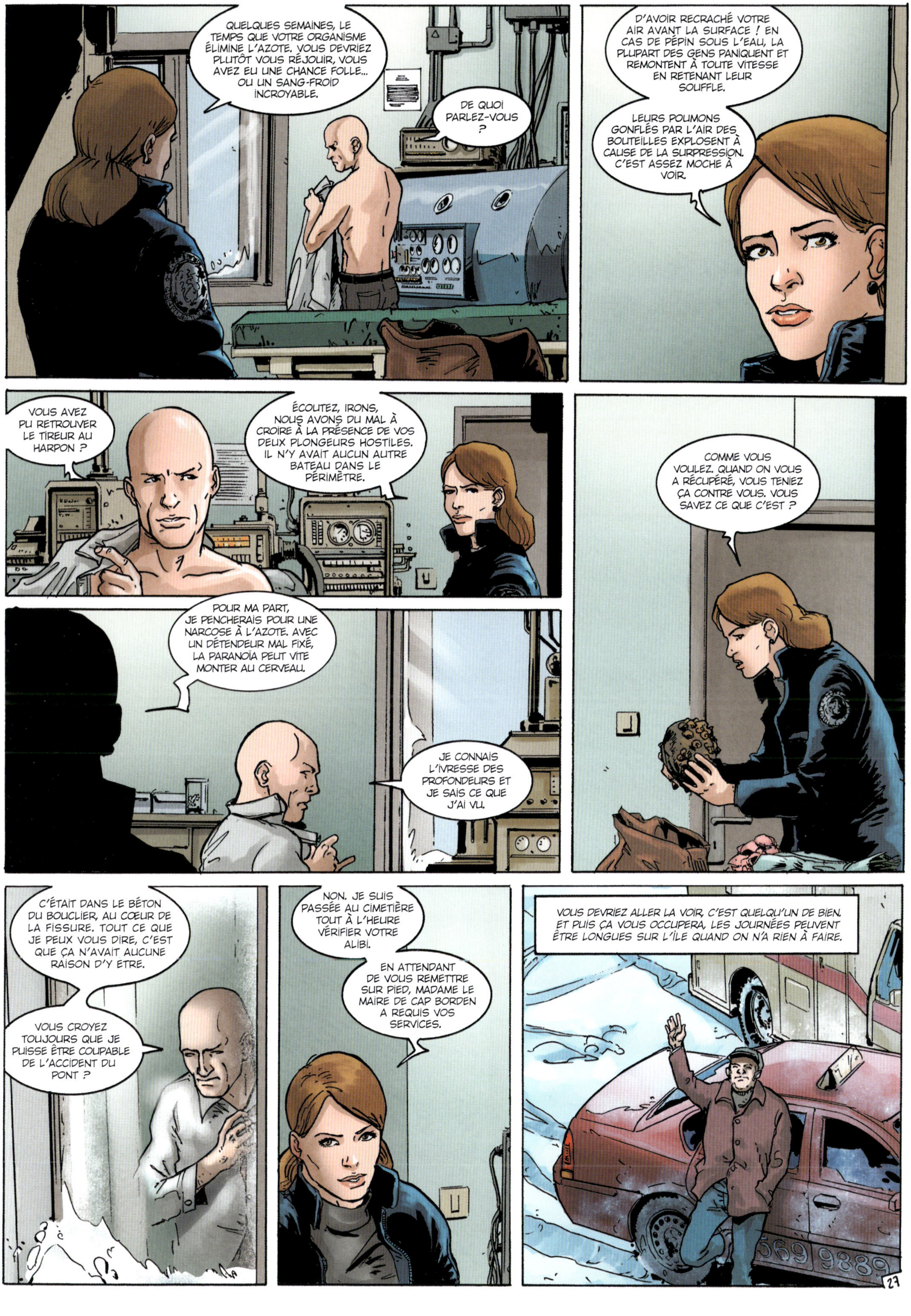
QUELQUES SEMAINES, LE TEMPS QUE VOTRE ORGANISME ÉLIMINE L'AZOTE. VOUS DEVRIEZ PLUTÔT VOUS RÉJOUIR, VOUS AVEZ EU UNE CHANCE FOLLE... OU UN SANG-FROID INCROYABLE.
DE QUOI PARLEZ-VOUS ?
D'AVOIR RECRACHÉ VOTRE AIR AVANT LA SURFACE ! EN CAS DE PÉPIN SOUS L'EAU, LA PLUPART DES GENS PANIQUENT ET REMONTENT À TOUTE VITESSE EN RETENANT LEUR SOUFFLE.
LEURS POUMONS GONFLÉS PAR L'AIR DES BOUTEILLES EXPLOSENT À CAUSE DE LA SURPRESSION. C'EST ASSEZ MOCHE À VOIR.
VOUS AVEZ PU RETROUVER LE TIREUR AU HARPON ?
ÉCOUTEZ, IRONS, NOUS AVONS DU MAL À CROIRE À LA PRÉSENCE DE VOS DEUX PLONGEURS HOSTILES. IL N'Y AVAIT AUCUN AUTRE BATEAU DANS LE PÉRIMÈTRE.
POUR MA PART, JE PENCHERAIS POUR UNE NARCOSE À L'AZOTE. AVEC UN DÉTENDEUR MAL FIXÉ, LA PARANOÏA PEUT VITE MONTER AU CERVEAU.
JE CONNAIS L'IVRESSE DES PROFONDEURS ET JE SAIS CE QUE J'AI VU.
COMME VOUS VOULEZ. QUAND ON VOUS A RÉCUPÉRÉ, VOUS TENIEZ ÇA CONTRE VOUS. VOUS SAVEZ CE QUE C'EST ?
C'ÉTAIT DANS LE BÉTON DU BOUCLIER, AU CŒUR DE LA FISSURE. TOUT CE QUE JE PEUX VOUS DIRE, C'EST QUE ÇA N'AVAIT AUCUNE RAISON D'Y ÊTRE.
VOUS CROYEZ TOUJOURS QUE JE PUISSE ÊTRE COUPABLE DE L'ACCIDENT DU PONT ?
NON. JE SUIS PASSÉE AU CIMETIÈRE TOUT À L'HEURE VÉRIFIER VOTRE ALIBI.
EN ATTENDANT DE VOUS REMETTRE SUR PIED, MADAME LE MAIRE DE CAP BORDEN A REQUIS VOS SERVICES.
VOUS DEVRIEZ ALLER LA VOIR, C'EST QUELQU'UN DE BIEN. ET PUIS ÇA VOUS OCCUPERA, LES JOURNÉES PEUVENT ÊTRE LONGUES SUR L'ÎLE QUAND ON N'A RIEN À FAIRE.
27

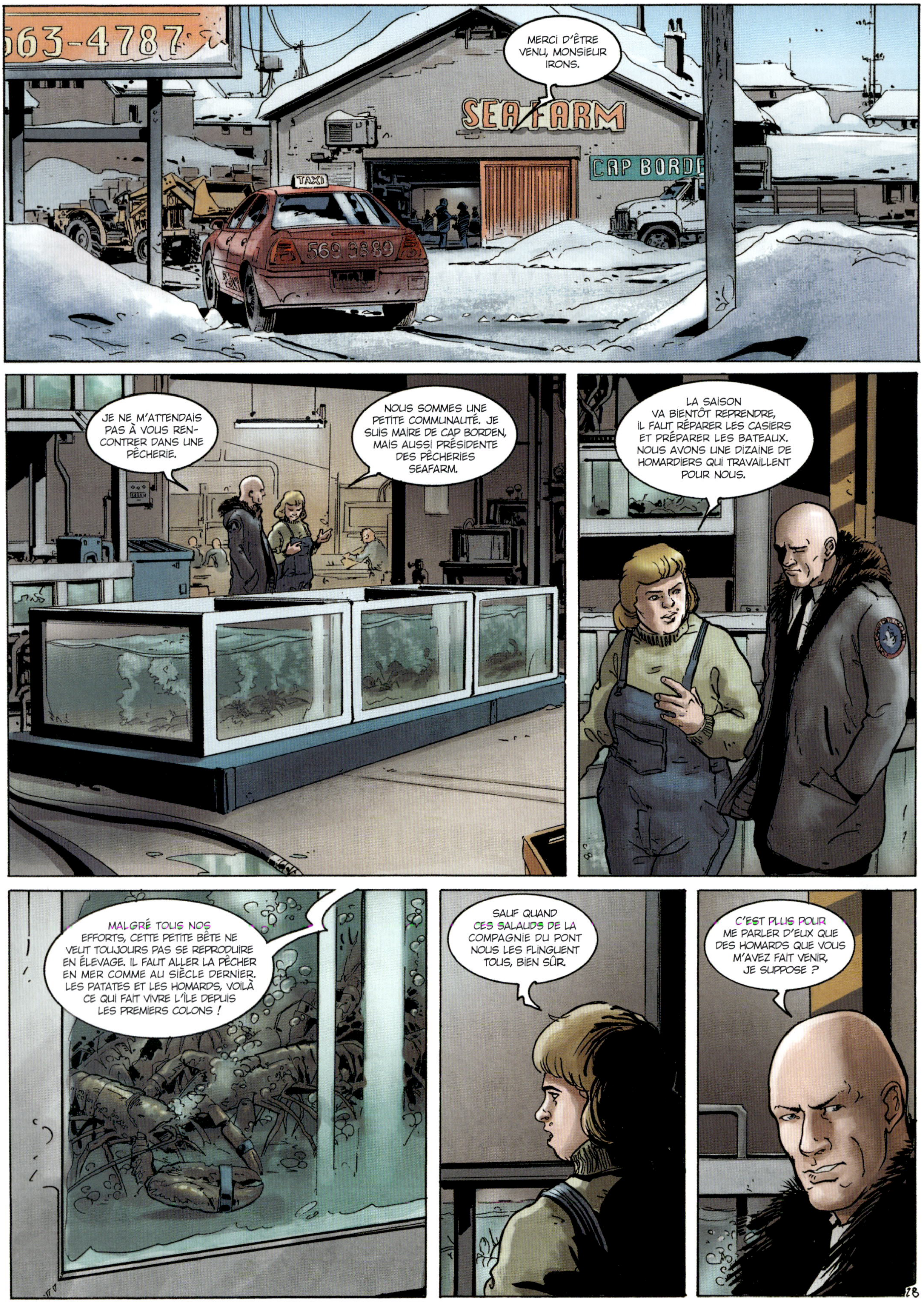
563-4787
MERCI D'ÊTRE VENU, MONSIEUR IRONS.
SEA FARM
TAXI
569 98 89
JE NE M'ATTENDAIS PAS À VOUS RENCONTRER DANS UNE PÊCHERIE.
NOUS SOMMES UNE PETITE COMMUNAUTÉ. JE SUIS MAIRE DE CAP BORDEN, MAIS AUSSI PRÉSIDENTE DES PÊCHERIES SEAFARM.
LA SAISON VA BIENTÔT REPRENDRE, IL FAUT RÉPARER LES CASIERS ET PRÉPARER LES BATEAUX. NOUS AVONS UNE DIZAINE DE HOMARDIERS QUI TRAVAILLENT POUR NOUS.
MALGRÉ TOUS NOS EFFORTS, CETTE PETITE BÊTE NE VEUT TOUJOURS PAS SE REPRODUIRE EN ÉLEVAGE. IL FAUT ALLER LA PÊCHER EN MER COMME AU SIÈCLE DERNIER. LES PATATES ET LES HOMARDS, VOILÀ CE QUI FAIT VIVRE L'ÎLE DEPUIS LES PREMIERS COLONS !
SAUF QUAND CES SALAUDS DE LA COMPAGNIE DU PONT NOUS LES FLINGUENT TOUS, BIEN SÛR.
C'EST PLUS POUR ME PARLER D'EUX QUE DES HOMARDS QUE VOUS M'AVEZ FAIT VENIR, JE SUPPOSE ?
28

VOUS ÊTES PERSPICACE. À CAUSE DE L'ÉCROULEMENT DE LA PILE TRENTE-SEPT, LES TRAVAUX SUR LE PONT VONT REPRENDRE, ET CELA VA CERTAINEMENT TUER ÉCONOMIQUEMENT LA RÉGION UNE BONNE FOIS POUR TOUTES.
ILS VEULENT NOUS FAIRE PORTER LE CHAPEAU. LA VÉRITÉ, C'EST QUE PAS UN PÊCHEUR N'IRAIT FAIRE PÉTER LEUR FOUTU PONT !
VOUS AVEZ RAISON. C'EST UN ICEBERG QUI A PERCUTÉ LE PONT. JE L'AI VU QUAND J'ÉTAIS EN BAS.
J'EN ÉTAIS SÛRE. MERCI, VOILÀ QUI RÈGLE NOTRE PROBLÈME !
PAS TOUT À FAIT. L'ICEBERG ÉTAIT GROS, MAIS LES PILES SONT FAITES POUR RÉSISTER À CE GENRE D'IMPACT. IL Y AVAIT UNE FAILLE DANS LE BOUCLIER BRISE-GLACE.
C'EST ENCORE MIEUX, NON ? SI LEUR BÉTON ÉTAIT POURRI, ILS DOIVENT INDEMNISER LA RÉGION. LEUR PONT DEVAIT DURER CENT ANS, PAS VINGT, IL FAUT QU'ILS PAIENT !
ILS NOUS ONT DÉJÀ EUS UNE FOIS AVEC LEURS EXPERTS À LA NOIX. IL N'Y AURA PAS DE SECONDE FOIS ! JE VEUX VOUS ENGAGER POUR FAIRE JEU ÉGAL AVEC LA COMPAGNIE DU PONT.
TROUVEZ LA VRAIE CAUSE DE L'EFFONDREMENT DU PONT, IRONS. J'AI L'AVAL DU CONSEIL MUNICIPAL. VOTRE PRIX SERA LE NÔTRE.
GMC
À L'HÔTEL, BENNIE.
TAXI
569 9889
29

ELLE A L'AIR REMONTÉE CONTRE LA COMPAGNIE DU PONT, VOTRE MAIRE.
Y A D'QUOI ! ELLE ÉTAIT DÉJÀ À LA TÊTE DES PÊCHERIES, BIEN AVANT D'ÊTRE ÉLUE. ÇA FAIT LONGTEMPS QU'ELLE FAIT VIVRE LES FAMILLES DU COIN. C'EST ELLE QUI EMPLOYAIT LE LADY ACADIA.
TAXI
LE LADY ACADIA ? ELLE EN PARLAIT À SA CONFÉRENCE DE PRESSE SUR LE PORT...
ÇA A MARQUÉ TOUTE LA RÉGION. LE PLUS GROS BATEAU DE PÊCHE QU'ON AVAIT ! UNE BELLE BÊTE, J'PEUX VOUS L'DIRE ! SAUF QU'À CAUSE DU PONT SUR LE DÉTROIT, LES PÊCHES DEVENAIENT DE PLUS EN PLUS MAUVAISES...
... SI BIEN QUE LES BATEAUX PARTAIENT DE PLUS EN PLUS LOIN POUR REMPLIR LEURS FILETS. C'ÉTAIT IL Y A DIX ANS, LE LADY ACADIA REVENAIT DE VINGT HEURES DE MER, QUAND IL A ÉTÉ PRIS DANS UNE FOUTUE TEMPÊTE.

KRRRZZZ... ON REVIENT DU... KRRRZ... KRRRRZ... KRZ... VELLE-ÉCOSSE...
ON VOUS ENTEND MAL, LADY ACADIA ! OÙ ÊTES-VOUS ?
AVARIE... KRRRZ... ON PREND L'EAU PAR L'ARRIÈRE... KRZZZ...
OH MON DIEU !!
DONNEZ VOTRE POSITION ! À VOUS, LADY ACADIA !!!
KRRZZZ... KRZZ...
IL N'Y A PAS MOYEN DE LES LOCALISER ? ILS N'ONT PAS UNE BALISE ?
KKRRRZ...
DÉSOLÉ, MAJOR... ÇA COÛTE CHER ET COMME C'EST PAS OBLIGATOIRE SUR CE GENRE DE TONNAGE, ON N'EN MET PAS...
CAPITAINERIE
C'EST PAS VRAI !
ON VA VENIR VOUS CHERCHER, LADY ACADIA ! JE RÉPÈTE ! DONNEZ-NOUS VOS COORDONNÉES, ON ENVOIE LES SECOURS !
KRRZ... KRRRZ... VINGT-TR...
PLONK !!
31

QU'EST-CE QUI SE PASSE !?!
LES PLOMBS ONT SAUTÉ !
MAIS RALLUMEZ-LES ! RALLUMEZ TOUT !
IMPOSSIBLE ! ÇA REPART PAS !
KRAAK
ÇA VIENT PAS DE NOUS. TOUTE LA VILLE EST DANS LE NOIR !
IL FAUT FAIRE QUELQUE CHOSE ! IL FAUT PARVENIR À LES JOINDRE !!!
TILTILTILTI !!!
C'EST LE BATEAU !
SON PORTABLE FONCTIONNE !
OUI ! OUI ! LADY ACADIA !! JE VOUS ENTENDS CINQ SUR CINQ !
JE COMPRENDS, JE COMPRENDS !!! PAS DE PANIQUE...

... LE CHENAL ? LE PONT... OK ! CALMEZ-VOUS ! LE CAPITAINE EST...?! ON VA VENIR VOUS CHERCHER ! OUI, J'AI COMPRIS, OUI... VOUS ÊTES...
CRAAACK !!
ALLÔ ? ALLÔ, LADY ACADIA ? RÉPONDEZ !!
APPEL TERMINÉ
ÇA NE RÉPOND PLUS.
KLANK ! KLANK !
AAAAH ! LA LUMIÈRE EST REVENUE !
ALORS ? OÙ SONT-ILS ? QU'EST-CE QUI SE PASSE ?
ILS ONT PASSÉ LE PONT IL Y A VINGT MINUTES... ILS SONT DANS LA BAIE, IL FAUT LANCER LES RECHERCHES !
LE LENDEMAIN, ON A TROUVÉ LE BATEAU AU MILIEU DU DÉTROIT, À VINGT MILES D'ICI. UNE VAGUE L'AVAIT COUPÉ EN DEUX.

ON A RETROUVÉ LES DEUX PARTIES DU NAVIRE À CENT MÈTRES L'UNE DE L'AUTRE. ET AUCUNE TRACE DES MARINS.
TAXI
LE PLUS TRISTE DANS TOUT ÇA, C'EST QUE LA PATRONNE ÉTAIT EN FAILLITE À CAUSE DES MAUVAISES PÊCHES. TOUT LE MONDE SAVAIT QU'ELLE NE PAYAIT PLUS SES ASSURANCES DEPUIS DES MOIS.
AMC
ALORS QUAND ELLE A VOULU OBTENIR DES INDEMNISATIONS, ILS LUI ONT FILÉ QUE DALLE, MÊME POUR LES FAMILLES DES VICTIMES. APRÈS ÇA, PEUT-ÊTRE PAR CULPABILITÉ, ELLE S'EST BEAUCOUP BATTUE POUR LES PÊCHEURS D'ICI.
ELLE A GAGNÉ LES ÉLECTIONS, ELLE EST DEVENUE MAIRE ET DEPUIS, ELLE A GARDÉ UNE DENT CONTRE NORTHERN CROSS ET LEUR SATANÉ PONT.
DÉSOLÉ, MAIS JE NE VOIS PAS EN QUOI LA COMPAGNIE DU PONT EST RESPONSABLE.
QU'EST-CE QUE VOUS VOULEZ DIRE ?
CE SONT LES RISQUES DE LA MER. QUEL RAPPORT AVEC NORTHERN CROSS, SI DES PÊCHEURS DÉCIDENT DE SORTIR PAR GROS TEMPS ?
C'EST TOUJOURS FACILE DE BLÂMER LES AUTRES POUR SES PROPRES CHOIX. LES GENS SONT LIBRES. ÇA A ÉTÉ LE CHOIX DU CAPITAINE DE PRENDRE LA MER, ET LE CHOIX DES AUTRES MARINS DE L'ACCOMPAGNER.
VOUS FAITES VRAIMENT TOUT POUR QU'ON VOUS PRENNE POUR UN CONNARD, PAS VRAI ?
VOUS AVEZ UNE PAPETERIE DANS LE COIN ?
IL Y A BIEN LE SUPERSTORE. MAIS À CETTE ÉPOQUE, VOUS RISQUEZ DE PLUS TROUVER GRAND-CHOSE...

POLICE
PLUS RIEN...
ALLÔ, CAROLE ?
OUI, J'AI BIEN REÇU LES MODÉLISATIONS D'EXPLOSION DE SEMTEX...
35

NON, LA COMPAGNIE DU PONT TRAÎNE ENCORE LA PATTE POUR ME FOURNIR LES RELEVÉS DES TILTMÈTRES.
J'AI ÉTUDIÉ LES DONNÉES SISMOGRAPHIQUES DE LA RÉGION ET LES CARACTÉRISTIQUES DU BÉTON UTILISÉ... RIEN À SIGNALER DE CE CÔTÉ-LÀ.
J'AI AUSSI REGARDÉ LE CATALOGUE DES PIÈCES MÉTALLIQUES UTILISÉES POUR L'ACCASTILLAGE. TU M'AS BIEN TRANSMIS TOUTES LES PAGES ?
NON, JE N'AI PAS TROUVÉ CE QUE JE CHERCHE. TU PEUX ME LES RENVOYER ? OK, BYE !
TOC ! TOC !!
VOUS OUBLIEZ SOUVENT VOS CHAUSSURES DANS LES PORTES ?
JE N'AIME PAS ME SENTIR ENFERMÉ.
CLAUSTROPHOBE ?
SI VOUS VOULEZ. COMMENT SE PASSE VOTRE ENQUÊTE ?
VOUS AVIEZ RAISON POUR VOS PLONGEURS. LE COFFRE DE LA HYUNDAI A ÉTÉ FORCÉ SOUS L'EAU. ON A AUSSI LIBÉRÉ LE VIEUX GARNIER ET SON FILS, NOS SEULS SUSPECTS POUR LA CHUTE DU PONT.
CE N'ÉTAIT PAS UNE EXPLOSION.
DISONS QUE DAVY ÉTAIT EFFECTIVEMENT AVEC LA SŒUR DU LIEUTENANT BUNEL CE SOIR-LÀ.
ET VOUS, VOUS AVANCEZ ?
36

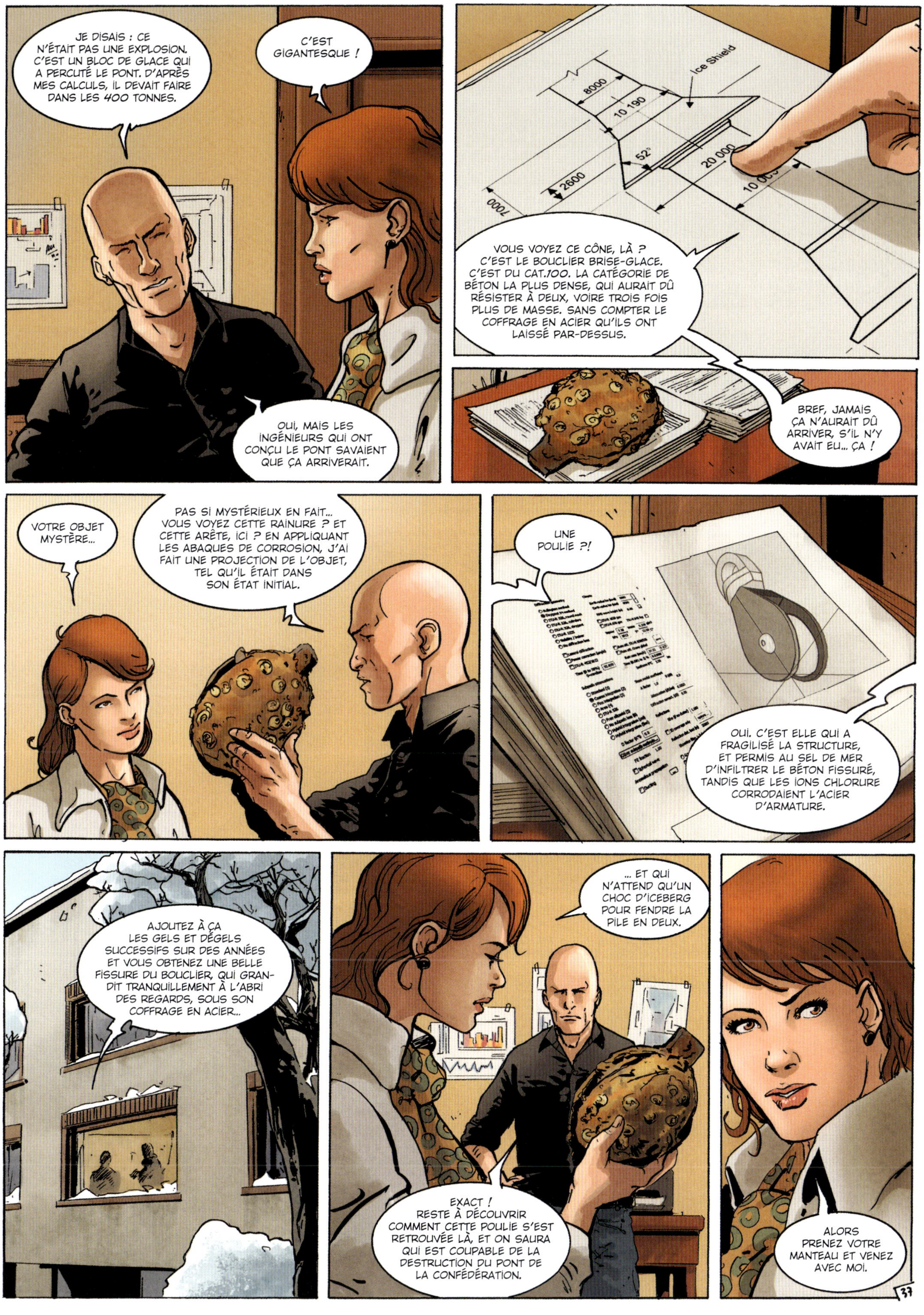

JE DISAIS : CE N'ÉTAIT PAS UNE EXPLOSION. C'EST UN BLOC DE GLACE QUI A PERCUTÉ LE PONT. D'APRÈS MES CALCULS, IL DEVAIT FAIRE DANS LES 400 TONNES.
C'EST GIGANTESQUE !
OUI, MAIS LES INGÉNIEURS QUI ONT CONÇU LE PONT SAVAIENT QUE ÇA ARRIVERAIT.
Ice Shield
8000
10 190
52°
2600
20 000
7000
VOUS VOYEZ CE CÔNE, LÀ ? C'EST LE BOUCLIER BRISE-GLACE. C'EST DU CAT.100. LA CATÉGORIE DE BÉTON LA PLUS DENSE, QUI AURAIT DÛ RÉSISTER À DEUX, VOIRE TROIS FOIS PLUS DE MASSE. SANS COMPTER LE COFFRAGE EN ACIER QU'ILS ONT LAISSÉ PAR-DESSUS.
BREF, JAMAIS ÇA N'AURAIT DÛ ARRIVER, S'IL N'Y AVAIT EU... ÇA !
VOTRE OBJET MYSTÈRE...
PAS SI MYSTÉRIEUX EN FAIT... VOUS VOYEZ CETTE RAINURE ? ET CETTE ARÊTE, ICI ? EN APPLIQUANT LES ABAQUES DE CORROSION, J'AI FAIT UNE PROJECTION DE L'OBJET, TEL QU'IL ÉTAIT DANS SON ÉTAT INITIAL.
UNE POULIE ?!
OUI. C'EST ELLE QUI A FRAGILISÉ LA STRUCTURE, ET PERMIS AU SEL DE MER D'INFILTRER LE BÉTON FISSURÉ, TANDIS QUE LES IONS CHLORURE CORRODAIENT L'ACIER D'ARMATURE.
AJOUTEZ À ÇA LES GELS ET DÉGELS SUCCESSIFS SUR DES ANNÉES ET VOUS OBTENEZ UNE BELLE FISSURE DU BOUCLIER, QUI GRANDIT TRANQUILLEMENT À L'ABRI DES REGARDS, SOUS SON COFFRAGE EN ACIER...
... ET QUI N'ATTEND QU'UN CHOC D'ICEBERG POUR FENDRE LA PILE EN DEUX.
EXACT ! RESTE À DÉCOUVRIR COMMENT CETTE POULIE S'EST RETROUVÉE LÀ, ET ON SAURA QUI EST COUPABLE DE LA DESTRUCTION DU PONT DE LA CONFÉDÉRATION.
ALORS PRENEZ VOTRE MANTEAU ET VENEZ AVEC MOI.
37

CHEERS !
GAHAN BREWERY
GAHAN BREWERY
Our Beer - Made Here
www.gahanbeer.com
QU'EST-CE QU'ON FÊTE ?
ON A RETROUVÉ LES CASSEURS DE LA BANQUE, LES MÊMES QUI ONT VOLÉ LE CHASSE-NEIGE. JE SAIS QUE VOUS ALLEZ VOUS FOUTRE DE MOI...
... IL S'AGIT DES DEUX JEUNES QUI CONDUISAIENT LA HYUNDAI BLANCHE. ILS ESSAYAIENT DE QUITTER L'ÎLE QUAND LE PONT S'EST ÉCROULÉ.
JE VOIS. LE JEUNE COUPLE IDÉAL AVEC LEQUEL VOUS AVEZ ESSAYÉ DE M'AMADOUER ?
NE SOYEZ PAS CYNIQUE. ILS NE MÉRITAIENT PAS ÇA. ILS ÉTAIENT ENDETTÉS JUSQU'À L'OS, ON A TOUT RETROUVÉ SUR LEUR ORDINATEUR. MAIS LE MAGOT A DISPARU. ET AUCUNE TRACE D'UN COMPLICE...
ET CONCERNANT L'EXPLOSIF QUI A FAIT SAUTER LA BANQUE ?
ILS AVAIENT APPRIS À FABRIQUER DU SEMTEX SUR INTERNET À PARTIR DES GRANULES DE NITRATE QU'ON TROUVE DANS LES ENGRAIS INDUSTRIELS.
DE VRAIS PROS EN SOMME.
TOUT LE MONDE PEUT SE TROMPER. D'HABITUDE, QUAND ON NOUS APPELLE EN PLEINE NUIT, C'EST PARCE QU'UN VIEILLARD IVRE MORT A PRIS UN ROND-POINT EN SENS INVERSE.
IL NE SE PASSE JAMAIS RIEN ICI, VOUS SAVEZ ? CE N'EST PAS LA PREMIÈRE FOIS QUE DES JEUNES RÊVENT D'UN MONDE MEILLEUR DE L'AUTRE CÔTÉ DU DÉTROIT.
38

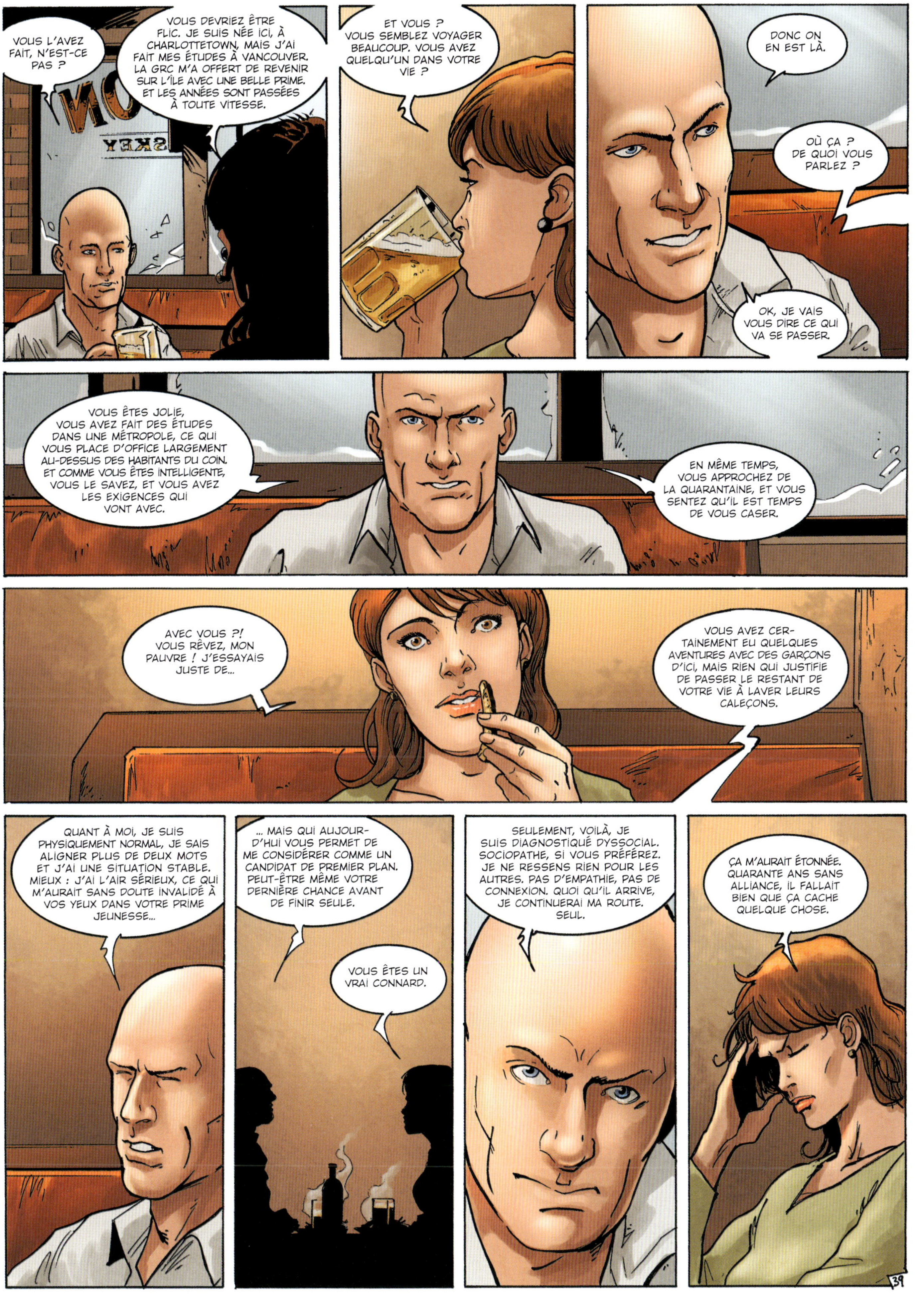
VOUS L'AVEZ FAIT, N'EST-CE PAS ?
VOUS DEVRIEZ ÊTRE FLIC. JE SUIS NÉE ICI, À CHARLOTTETOWN, MAIS J'AI FAIT MES ÉTUDES À VANCOUVER. LA GRC M'A OFFERT DE REVENIR SUR L'ÎLE AVEC UNE BELLE PRIME. ET LES ANNÉES SONT PASSÉES À TOUTE VITESSE.
SKEY
ET VOUS ? VOUS SEMBLEZ VOYAGER BEAUCOUP. VOUS AVEZ QUELQU'UN DANS VOTRE VIE ?
DONC ON EN EST LÀ.
OÙ ÇA ? DE QUOI VOUS PARLEZ ?
OK, JE VAIS VOUS DIRE CE QUI VA SE PASSER.
VOUS ÊTES JOLIE, VOUS AVEZ FAIT DES ÉTUDES DANS UNE MÉTROPOLE, CE QUI VOUS PLACE D'OFFICE LARGEMENT AU-DESSUS DES HABITANTS DU COIN. ET COMME VOUS ÊTES INTELLIGENTE, VOUS LE SAVEZ, ET VOUS AVEZ LES EXIGENCES QUI VONT AVEC.
EN MÊME TEMPS, VOUS APPROCHEZ DE LA QUARANTAINE, ET VOUS SENTEZ QU'IL EST TEMPS DE VOUS CASER.
AVEC VOUS ?! VOUS RÊVEZ, MON PAUVRE ! J'ESSAYAIS JUSTE DE...
VOUS AVEZ CERTAINEMENT EU QUELQUES AVENTURES AVEC DES GARÇONS D'ICI, MAIS RIEN QUI JUSTIFIE DE PASSER LE RESTANT DE VOTRE VIE À LAVER LEURS CALEÇONS.
QUANT À MOI, JE SUIS PHYSIQUEMENT NORMAL, JE SAIS ALIGNER PLUS DE DEUX MOTS ET J'AI UNE SITUATION STABLE. MIEUX : J'AI L'AIR SÉRIEUX, CE QUI M'AURAIT SANS DOUTE INVALIDÉ À VOS YEUX DANS VOTRE PRIME JEUNESSE...
... MAIS QUI AUJOURD'HUI VOUS PERMET DE ME CONSIDÉRER COMME UN CANDIDAT DE PREMIER PLAN. PEUT-ÊTRE MÊME VOTRE DERNIÈRE CHANCE AVANT DE FINIR SEULE.
VOUS ÊTES UN VRAI CONNARD.
SEULEMENT, VOILÀ, JE SUIS DIAGNOSTIQUÉ DYSSOCIAL. SOCIOPATHE, SI VOUS PRÉFÉREZ. JE NE RESSENS RIEN POUR LES AUTRES. PAS D'EMPATHIE, PAS DE CONNEXION. QUOI QU'IL ARRIVE, JE CONTINUERAI MA ROUTE. SEUL.
ÇA M'AURAIT ÉTONNÉE. QUARANTE ANS SANS ALLIANCE, IL FALLAIT BIEN QUE ÇA CACHE QUELQUE CHOSE.
39

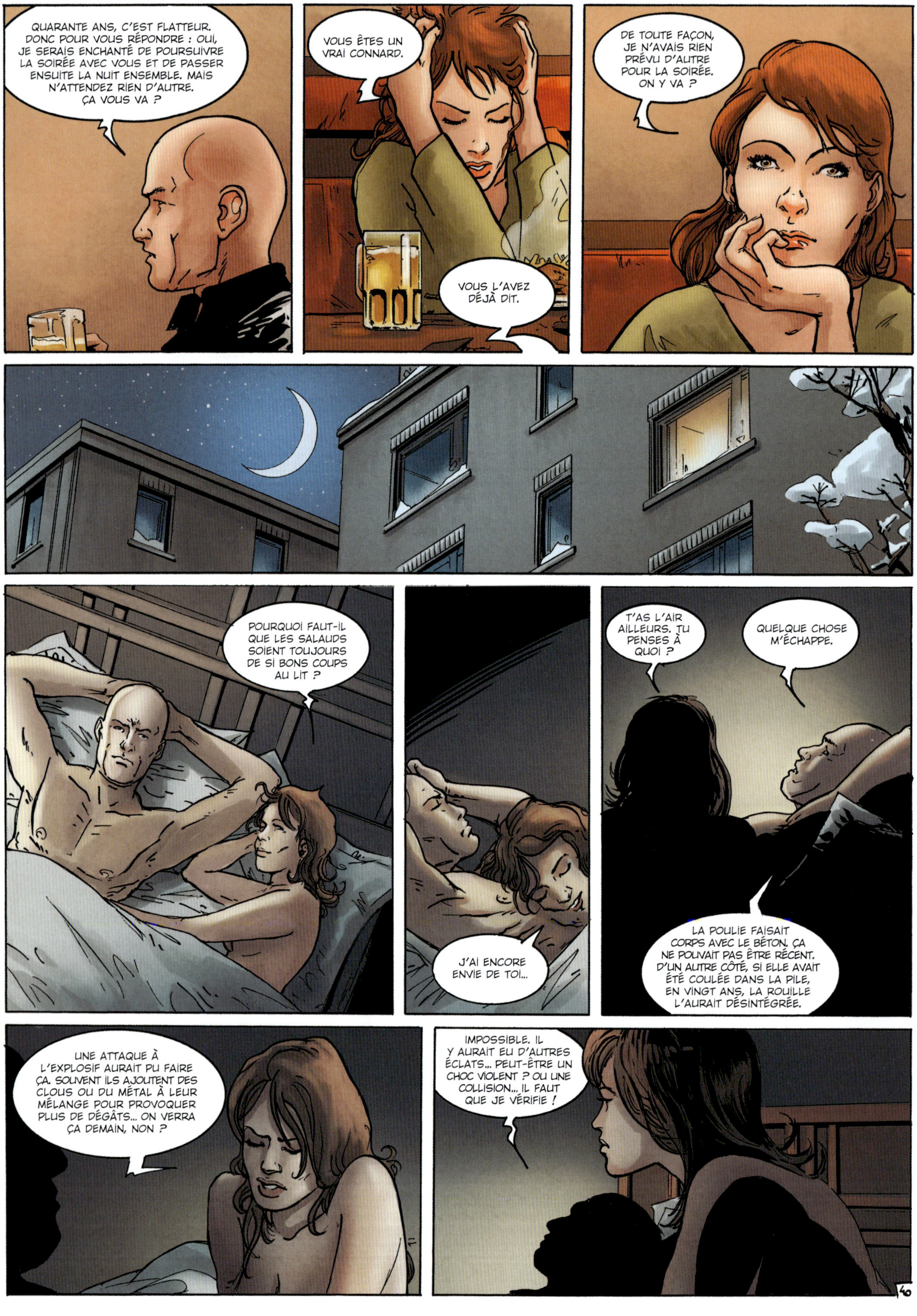
QUARANTE ANS, C'EST FLATTEUR. DONC POUR VOUS RÉPONDRE : OUI, JE SERAIS ENCHANTÉ DE POURSUIVRE LA SOIRÉE AVEC VOUS ET DE PASSER ENSUITE LA NUIT ENSEMBLE. MAIS N'ATTENDEZ RIEN D'AUTRE. ÇA VOUS VA ?
VOUS ÊTES UN VRAI CONNARD.
VOUS L'AVEZ DÉJÀ DIT.
DE TOUTE FAÇON, JE N'AVAIS RIEN PRÉVU D'AUTRE POUR LA SOIRÉE. ON Y VA ?
POURQUOI FAUT-IL QUE LES SALAUDS SOIENT TOUJOURS DE SI BONS COUPS AU LIT ?
J'AI ENCORE ENVIE DE TOI...
T'AS L'AIR AILLEURS. TU PENSES À QUOI ?
QUELQUE CHOSE M'ÉCHAPPE.
LA POULIE FAISAIT CORPS AVEC LE BÉTON. ÇA NE POUVAIT PAS ÊTRE RÉCENT. D'UN AUTRE CÔTÉ, SI ELLE AVAIT ÉTÉ COULÉE DANS LA PILE, EN VINGT ANS, LA ROUILLE L'AURAIT DÉSINTÉGRÉE.
UNE ATTAQUE À L'EXPLOSIF AURAIT PU FAIRE ÇA. SOUVENT ILS AJOUTENT DES CLOUS OU DU MÉTAL À LEUR MÉLANGE POUR PROVOQUER PLUS DE DÉGÂTS... ON VERRA ÇA DEMAIN, NON ?
IMPOSSIBLE. IL Y AURAIT EU D'AUTRES ÉCLATS... PEUT-ÊTRE UN CHOC VIOLENT ? OU UNE COLLISION... IL FAUT QUE JE VÉRIFIE !
40

TIP... TIP!! TIP TIP.
QU'EST-CE QUE T'AS TROUVÉ ?
UN NAUFRAGE ! C'EST ÇA !
DRAMATIQUE NAUFRAGE D'UN HOMARDI
À CAP BORDEN. Les recherches se poursuiven
Depuis
moyens
œuvre
l'espoir
marins
tempête
nuit de
secours
balises
cherche
Lady Acadia
Lady Acadia
SALAUD !! ÇA T'AMUSE DE FAIRE SOUFFRIR LES GENS ?!
COMMENT J'AI PU...? JE ME DÉGOÛTE !
VLAM !
41

OUPS... DÉSOLÉE. LA PORTE ÉTAIT OUVERTE... VOUS N'ÊTES PAS OBLIGÉ DE FAIRE VOTRE LIT ! JE SUIS LÀ POUR ÇA, VOUS SAVEZ ?
INUTILE. ET NE TOUCHEZ À RIEN, OK ?
CAPITAINERIE
MONSIEUR IRONS ?

NOUS TRAVAILLONS POUR LA COMPAGNIE NORTHERN CROSS, QUI GÈRE LE PONT DE LA CONFÉDÉRATION.
NOUS AVONS APPRIS QUE VOUS PORTIEZ UN GRAND INTÉRÊT À CETTE... REGRETTABLE TRAGÉDIE...
VU VOTRE RÉPUTATION, NOUS SERIONS FLATTÉS DE POUVOIR BÉNÉFICIER DE VOTRE EXPERTISE.
VOUS TRAVAILLERIEZ POUR LA COMPAGNIE... POUR NOUS AIDER À FAIRE TOUTE LA LUMIÈRE SUR CETTE AFFAIRE... VOTRE PRIX SERA LE NÔTRE, BIEN ENTENDU.
MERCI, MESSIEURS, J'AI DÉJÀ UN CLIENT.
JE PEUX SAVOIR CE QUE TU FAIS SUR MON BATEAU, MON HOMME ?
45

EST-CE QUE VOUS AVEZ DES POULIES LÀ-DESSUS ?
DES POULIES ?! T'ES BEN CAVE, QU'EST-CE QUE TU VEUX FAIRE AVEC ÇA SUR UN HOMARDIER ? ON RAMÈNE LES CASIERS À LA FORCE DE NOS BRAS, NOUS Z'AUT' !
MAIS ÇA ME DIT TOUJOURS PAS CE QUE TU FAIS ENCORE SUR MON BATEAU !
ÉCOUTEZ, VOUS N'AVEZ PAS L'AIR TRÈS FUTÉ, ET JE NE VAIS PAS PERDRE MON TEMPS À VOUS EXPLIQUER EN QUOI CE QUE JE FAIS EST IMPORTANT POUR VOUS. J'AI ENCORE LA CALE À VÉRIFIER. VOUS POURRIEZ M'OUVRIR ?
ET MOI, J'AIME PAS LE TON QUE TU PRENDS AVEC MOI, MON HOMME ! TU F'RAIS MIEUX DE DÉCALISSER TOUT DE SUITE, J'SUIS-TU CLAIR ?!
VOUS NE M'IMPRESSIONNEZ PAS ET VOUS DEVRIEZ ME LAISSER FAIRE MON TRAVAIL.
DÉCRISSE, J'TE DIS !
SOCK !!
NE ME TOUCHEZ PAS, C'EST TOUT. ON S'ARRÊTE LÀ ?
CROIS-Y, MON OSTIE !
44

JE VAIS TE TUER, MON TABARNAC !!!
DAVY ! CALME-TOI, BON DIEU !!!
LAISSEZ-LE-MOI ! JE VAIS LE TUER !!!
HEY ! MAIS C'EST MON INGÉNIEUR !!
QUOI ?! C'EST TOI L'INGÉNIEUR QUE MADAME LE MAIRE A ENGAGÉ ?
ELLE DIT QUE TU VAS NOUS AIDER À PAS NOUS FAIRE AVOIR PAR LA COMPAGNIE !
ÇA SERAIT PLUS SIMPLE SI ON ME LAISSAIT FAIRE MON BOULOT.
OUAIS, ÇA VA... DÉSOLÉ, JE POUVAIS PAS SAVOIR...
COMMENT ON PEUT T'AIDER, MON HOMME ?
VOUS VOYEZ CE DESSIN ? J'AVAIS ESPÉRÉ QU'ON TROUVE CE GENRE DE POULIE SUR UN DE VOS HOMARDIERS.
AH NON, TU TROUVERAS PAS ÇA SUR UN HOMARDIER.
C'EST BIEN CE QUI ME SEMBLAIT, HÉLAS.
OUAIP ! C'EST SUR LE PALAN D'UN PALOURDIER QUE TU TROUVERAS ÇA !
UN PALOURDIER ?!
MC
45

CAPITAINERIE
JE TRAVAILLE POUR LA MAIRIE.
ON SAIT, MADAME LE MAIRE NOUS A MIS AU COURANT.
QU'EST-CE QU'ON PEUT FAIRE POUR VOUS, M'SIEUR L'INGÉNIEUR ?
J'AI BESOIN DE L'ACCÈS À TOUS LES NAUFRAGES DE PALOURDIERS PRÈS DU PONT, DEPUIS SA CONSTRUCTION.
DANS LE DÉTROIT ? PAS BESOIN DE CREUSER BIEN LOIN : IL N'Y A EU QUE LE LADY ACADIA ET C'ÉTAIT PAS UN PALOURDIER.
OUI, D'ACCORD, MAIS... IL N'Y A PAS EU D'AUTRE NAUFRAGE DANS LE COIN, VOUS EN ÊTES BIEN SÛR ?
CERTAIN !... À MOINS QUE CE SOIT UN NAVIRE CLANDESTIN. ON EN A QUI VIENNENT PÊCHER DANS NOS EAUX DE TEMPS EN TEMPS. MAIS ILS NE S'APPROCHENT JAMAIS DU PONT, À CAUSE DES CAMÉRAS.
AUTRE CHOSE ?
OUI, JUSTEMENT... LES CAMÉRAS QUE J'AI VUES SUR LA MARINA... ELLES SONT À VOUS ? VOUS AVEZ LES BANDES ?
ÇA DÉPEND, ON LES DÉTRUIT AU BOUT D'UNE SEMAINE. ON N'EST PAS COMME LES GARS DU PONT. EUX, ILS GARDENT TOUT SUR LEURS SERVEURS, POUR DES RAISONS DE SÉCURITÉ. QUELLE DATE VOUS VOULEZ ?
LE LENDEMAIN DE L'EFFONDREMENT DU PONT, JUSTE APRÈS QUE LES FLICS ONT EMMENÉ LES GARNIER PÈRE ET FILS...
46

OUI, ENTREZ !
ÉCOUTEZ, J'AI L'IMPRESSION DE VOUS AVOIR BLESSÉE, HIER SOIR. CE N'EST PAS CE QUE JE VOULAIS.
NON, C'EST À MOI DE M'EXCUSER. MA RÉACTION A ÉTÉ EXCESSIVE.
VOTRE VISAGE... CE N'EST PAS MOI QUI...?
UNE BAGARRE, AUCUN RAPPORT. REGARDEZ PLUTÔT ÇA.
QU'EST-CE QUE C'EST ?
ÇA VIENT DES CAMÉRAS DE SURVEILLANCE DE LA MARINA, LE JOUR OÙ J'AI ÉTÉ ATTAQUÉ SOUS L'EAU. COMME IL N'Y AVAIT PAS DE BATEAUX À PROXIMITÉ, J'EN AI DÉDUIT QUE LES PLONGEURS ÉTAIENT PARTIS DU BORD.
LES FRÈRES OX ET BARNEY...
VOUS LES CONNAISSEZ ?
DES BRACONNIERS. ILS FONT DE LA CHASSE SOUS-MARINE ILLÉGALE DANS LES FRAYÈRES ET FOURNISSENT LES RESTAURATEURS EN HOMARDS OU EN ABALONES. ÇA COLLE, ILS HABITENT JUSTE EN FACE DE LA BANQUE !
ALORS JE PENSE QUE VOUS DEVRIEZ ALLER VÉRIFIER LEURS BOUTEILLES, PARCE...
VOUS ÊTES GENTIL, MAIS ÇA, C'EST MON MÉTIER.
BUNEL ! PIERS ! ON LANCE UNE PERQUISITION CHEZ OX ET BARNEY !
47.

ET VOUS ? ÇA AVANCE VOTRE AFFAIRE DE PONT ?
POINT MORT. LA COMPAGNIE ESSAIE DE FAIRE PORTER LE CHAPEAU À UN SOUS-TRAITANT POUR LA MAUVAISE QUALITÉ DU BÉTON. À CE STADE, IL N'Y A PLUS GRAND-CHOSE QUE JE PUISSE FAIRE CONTRE EUX.
MAIS VOTRE OBJET MYSTÈRE, VOUS AVEZ FINI PAR SAVOIR D'OÙ IL VENAIT ?
D'UN PALOURDIER. LE PROBLÈME, C'EST QUE LE SEUL NAUFRAGE QU'ILS AIENT VU ICI DEPUIS DIX ANS ÉTAIT CELUI D'UN HOMARDIER, LE LADY ACADIA.
DÉSOLÉE, MAIS C'ÉTAIT UN PALOURDIER.
JE NE SUIS PAS PÊCHEUR, MAIS ÇA, C'EST UN HOMARDIER. ON VOIT MÊME LES CASIERS SUR LE PONT ARRIÈRE.
C'EST UNE VIEILLE PHOTO QU'ILS AVAIENT PRISE POUR L'ARTICLE. À CAUSE DES MAUVAISES PÊCHES, LE LADY ACADIA AVAIT ÉTÉ TRANSFORMÉ. LE CAPITAINE L'AVAIT ÉQUIPÉ D'UNE DRAGUE À PALOURDES QUELQUE TEMPS AVANT LE NAUFRAGE.
IL N'ÉTAIT PAS FAIT POUR AVOIR UN TEL POIDS À L'ARRIÈRE, ÇA L'A RENDU IMPOSSIBLE À MANŒUVRER EN PLEINE TEMPÊTE, ET C'EST CE QUI A CAUSÉ SA PERTE.
COMMENT LA POULIE DE SON PALAN S'EST RETROUVÉE DANS LE BÉTON DU PONT ?
J'AI DÉSORMAIS MA PETITE IDÉE. VENEZ AVEC MOI ET PRENEZ QUELQUES GENDARMES, ON VA EN AVOIR BESOIN !

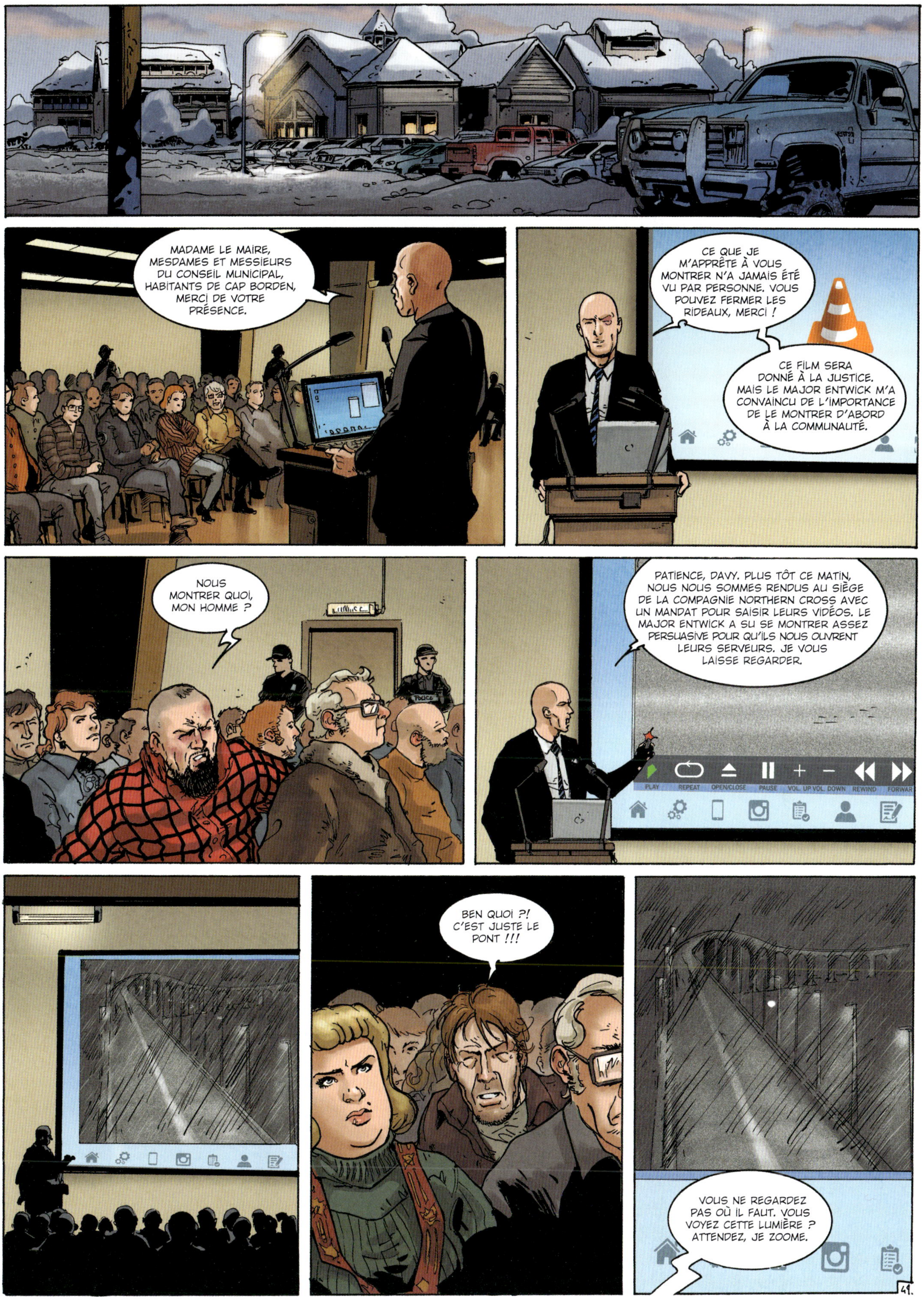
MADAME LE MAIRE, MESDAMES ET MESSIEURS DU CONSEIL MUNICIPAL, HABITANTS DE CAP BORDEN, MERCI DE VOTRE PRÉSENCE.
CE QUE JE M'APPRÊTE À VOUS MONTRER N'A JAMAIS ÉTÉ VU PAR PERSONNE. VOUS POUVEZ FERMER LES RIDEAUX, MERCI !
CE FILM SERA DONNÉ À LA JUSTICE. MAIS LE MAJOR ENTWICK M'A CONVAINCU DE L'IMPORTANCE DE LE MONTRER D'ABORD À LA COMMUNAUTÉ.
NOUS MONTRER QUOI, MON HOMME ?
PATIENCE, DAVY. PLUS TÔT CE MATIN, NOUS NOUS SOMMES RENDUS AU SIÈGE DE LA COMPAGNIE NORTHERN CROSS AVEC UN MANDAT POUR SAISIR LEURS VIDÉOS. LE MAJOR ENTWICK A SU SE MONTRER ASSEZ PERSUASIVE POUR QU'ILS NOUS OUVRENT LEURS SERVEURS. JE VOUS LAISSE REGARDER.
PLAY
REPEAT
OPEN/CLOSE
PAUSE
VOL. UP
VOL. DOWN
REWIND
FORWAR
BEN QUOI ?! C'EST JUSTE LE PONT !!!
VOUS NE REGARDEZ PAS OÙ IL FAUT. VOUS VOYEZ CETTE LUMIÈRE ? ATTENDEZ, JE ZOOME.
41.

C'EST LE LADY ACADIA ?!?
CES SALAUDS DE LA COMPAGNIE ! POURQUOI ILS N'ONT RIEN DIT ?! HEIN ?! POURQUOI PERSONNE N'A JAMAIS RIEN TROUVÉ ?!
IL Y A DES CENTAINES DE PILES SUR LE PONT DE LA CONFÉDÉRATION. IL FALLAIT SAVOIR PRÉCISÉMENT OÙ CHERCHER, ET À QUEL MOMENT.
ON VOIT ICI LES DEUX MORCEAUX DU LADY ACADIA, FENDU PAR LE MILIEU LORS DE L'IMPACT. ILS ONT PAR LA SUITE DÉRIVÉ AU GRÉ DES COURANTS JUSQU'À LA BAIE, OÙ VOUS LES AVEZ RETROUVÉS.
ET VOUS... VOUS SAVIEZ TOUT ÇA !!
VOUS PLAISANTEZ ?! J'ÉTAIS LÀ... ON ÉTAIT TOUS LÀ, VOUS VOUS SOUVENEZ ? ILS ONT APPELÉ POUR DIRE QU'ILS AVAIENT PASSÉ LE PONT. C'EST N'IMPORTE QUOI, CETTE HISTOIRE !
NON : ÇA C'EST CE QUE VOUS AVEZ DIT À TOUT LE MONDE. CE QUE VOUS AVEZ ENTENDU DEVAIT PLUTÔT RESSEMBLER À ÇA...

... ON NE CONTRÔLE PLUS RIEN ! ON A LOUPÉ LE CHENAL ! ON VA DROIT SUR LE PONT ! DROIT SUR LE PONT !!!
LE PONT ! OUI, J'AI COMPRIS...
VOUS SAVIEZ QUE LE LADY ACADIA AVAIT PERCUTÉ LE PONT PRÈS DU CHENAL. C'ÉTAIT LE SENS DE L'APPEL TÉLÉPHONIQUE REÇU LE SOIR DU NAUFRAGE. ET VOUS AVEZ ORIENTÉ LES RECHERCHES AILLEURS !
C'EST DE LA DIFFAMATION ! POURQUOI J'AURAIS FABRIQUÉ TOUT ÇA !?!
LA PÊCHERIE NE PAYAIT PLUS SES ASSURANCES DEPUIS DES MOIS. SI L'UN DE VOS BATEAUX AVAIT ENDOMMAGÉ LE PONT, VOUS AURIEZ ÉTÉ RUINÉE !
C'EST INCROYABLE D'ENTENDRE DES CHOSES PAREILLES ! DE SE SERVIR DE CETTE TRAGÉDIE POUR... VOUS SAVEZ TOUS QUE C'EST LA FAUTE DE LA COMPAGNIE ! JE N'AI RIEN À VOIR AVEC TOUT ÇA !!!
ALORS VOUS EXPLIQUEREZ AU MAJOR ENTWICK POURQUOI, DÈS LE LENDEMAIN À L'AUBE, LES CAMÉRAS DU PONT VOUS ONT FILMÉE PRENDRE UN ZODIAC ET INSPECTER EN DÉTAIL LA PILE NUMÉRO 37.
EN DISSIMULANT L'ENDROIT EXACT DU NAUFRAGE, VOUS AVEZ CONDAMNÉ À MORT DES PÊCHEURS QUI AURAIENT PU ÊTRE SAUVÉS ! ET PAR VOTRE SILENCE, VOUS AVEZ EMPÊCHÉ DE RÉPARER LES DOMMAGES DU PONT, CAUSANT ENCORE DES MORTS INUTILES ! VOILÀ L'EXACTE VÉRITÉ !
POLICE
51

PARKDALE SC
BONJOUR.
ON M'A DIT QUE JE VOUS TROUVERAIS ICI.
C'EST MON JOUR DE CONGÉ.
JE SUIS VENU VOUS FAIRE MES ADIEUX, JE PARS TOUT À L'HEURE.
AH. ALORS LAISSEZ-MOI VOUS REMERCIER POUR VOTRE AIDE. LE MAIRE A AVOUÉ SA RESPONSABILITÉ.
C'EST CE QU'ON M'A DIT.
SEUL L'ARGENT DE LA BANQUE N'A PAS ÉTÉ RETROUVÉ. LES FRÈRES OX ET BARNEY ONT NIÉ EN BLOC. ON N'A RIEN RETROUVÉ CHEZ EUX. ET COMME VOUS AVEZ REFUSÉ DE PORTER PLAINTE, ON A DÛ LES RELÂCHER.
ALORS J'AI UN PETIT CADEAU POUR VOUS...
52

LA DERNIÈRE FOIS, VOUS NE M'AVIEZ PAS LAISSÉ TERMINER AU SUJET DES BOUTEILLES D'AIR COMPRIMÉ.
SOUS L'EAU, J'AI VU QUE BARNEY ET OX EN AVAIENT PRIS DEUX DE PLUS EN PRÉVISION DU RETOUR. ET SUR LA VIDÉO DE LA MARINA, ILS NE LES ONT PAS... TENEZ, J'AI VÉRIFIÉ SUR LES TIRAGES.
JE ME SOUVIENS DE CES PHOTOS, MAIS JE NE VOUS SUIS PAS. NOS PLONGEURS N'ONT RIEN TROUVÉ SOUS L'EAU...
ÇA SIGNIFIE SIMPLEMENT QU'ILS LES ONT CACHÉES QUELQUE PART AVANT DE REMONTER. VOICI LES PLANS DE REMPLISSAGE DES PILES, SUITE AUX PLAINTES CONCERNANT LES PÊCHES FANTÔMES. CELLE-CI, LA PILE NUMÉRO 19, N'A PAS ÉTÉ REBOUCHÉE.
JE PENSE QUE VOUS Y RETROUVEREZ LES SACS DE BILLETS ET LEURS BOUTEILLES VIDES. CE QUI SUFFIRA À LES INCULPER.
MALIN, MAIS QUEL LIEN AVEC LE COUPLE DE JEUNES CAMBRIOLEURS ?
AUCUN. OX ET BARNEY HABITENT EN FACE DE LA BANQUE, VOUS L'AVEZ DIT. L'EXPLOSION DE SEMTEX LES A RÉVEILLÉS, ET ILS ONT EU LE TEMPS DE VOIR LES JEUNES DÉMARRER DANS LEUR VOITURE BLANCHE.
ILS ONT FAIT LE LIEN AVANT VOUS. ET QUAND ILS ONT APPRIS LA NOUVELLE DE LEUR CHUTE AUX INFOS, ILS AVAIENT LE MATÉRIEL POUR RÉCUPÉRER L'ARGENT.
POUR QUELQU'UN QUI DIT NE PAS S'INTÉRESSER À LA JUSTICE, VOUS VOUS DÉBROUILLEZ PLUTÔT PAS MAL, VOUS SAVEZ ?
LA JUSTICE NE M'INTÉRESSE PAS. SEULE LA VÉRITÉ MÉRITE QU'ON SE BATTE POUR ELLE.
VOUS ALLEZ ME MANQUER, MONSIEUR L'INGÉNIEUR.
J'AIMERAIS SINCÈREMENT POUVOIR VOUS DIRE LA MÊME CHOSE.
ASSHOLE !
MAMAN !
53.

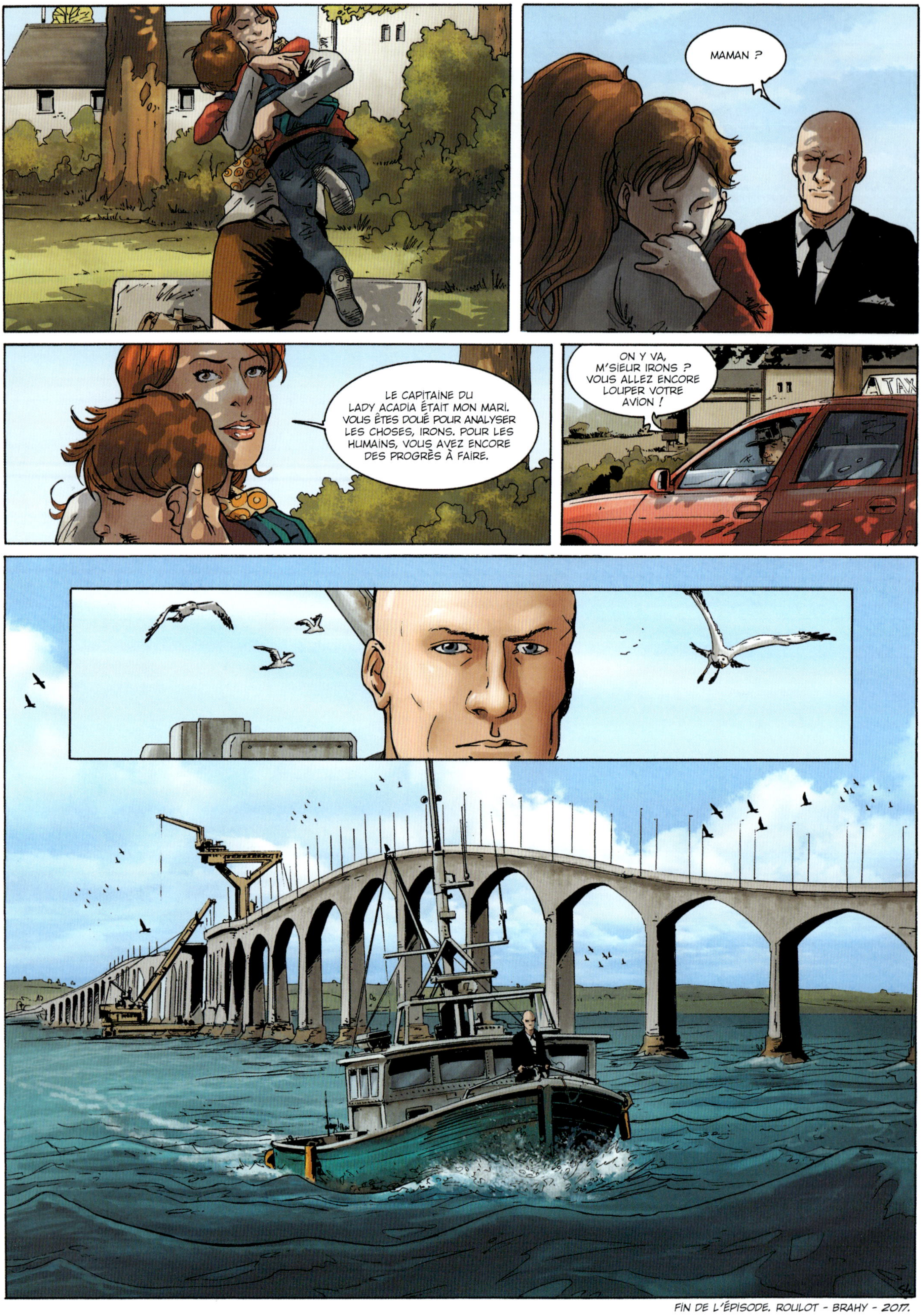

FIN DE L'ÉPISODE. ROULOT - BRAHY - 2017.